AF597801

¡BENDITO FUTBOL!

¡BENDITO FUTBOL!

MI VIDA EN LAS CANCHAS, MI AMOR A LAS CHIVAS Y A MI SELECCIÓN MEXICANA, MIS DESAFÍOS Y ALEGRÍAS

FERNANDO "EL SHERIFF" QUIRARTE

AGUILAR

El papel utilizado para la impresión de este libro ha sido fabricado a partir de madera procedente de bosques y plantaciones gestionadas con los más altos estándares ambientales, garantizando una explotación de los recursos sostenible con el medio ambiente y beneficiosa para las personas.

¡Bendito futbol!
Mi vida en las canchas, mi amor a las chivas y a mi selección mexicana, mis desafíos y alegrías

Primera edición: septiembre, 2025

ISBN: 978-607-386-398-8

Impreso en México – *Printed in Mexico*

A mi amada esposa Chely, a mis hijos: mi razón para vivir.
A mis padres y mis hermanos, sin ellos no hubiera logrado nada.
A mis nietos: mis nuevas alegrías.

Índice

Agradecimientos

Gracias a todos mis compañeros y amigos que me han acompañado en todos los desafíos que he enfrentado en la vida. Gracias eternas por su paciencia, enseñanzas y su valiosa amistad; mi memoria no es una de mis mejores armas y les pido perdón por si olvido a alguno de ellos, aunque deben saber que los llevo siempre en mi corazón.

Gracias a todos mis entrenadores que confiaron en mí desde mi etapa en el Tapatío, hasta mi último club: el Atlas del Guadalajara, sin olvidar a los de Leones Negros de la UdeG y mis Chivas del Guadalajara; gracias a Horacio Troche, Diego Martínez, Diego Mercado, Alberto Guerra, Raúl Cárdenas, Nacho Trelles, Carlos Miloc, Bora Milutinovic, a mis compañeros en la cancha el "Yayo" de la Torre, "Zully" Ledesma, "Willy Gómez", Manuel Manzo, Sergio Lugo y Demetrio Madero, gracias a mis directivos como el gran Jorge Vergara por darme la oportunidad de dirigir a Chivas, a Juan José Leaño, Paco Dávila, Memo Cantú, Alberto Canedo, Gustavo de Villa, Alberto de la Torre, Alejandro Vázquez, mi compadre Enrique Ramos, que en paz descanse, Aurelio López, Felipe Martín del Campo, Toño Leonardo y su hermano Max Leonardo. También mi gratitud a Freddy Helfon, Amaury Vergara, Beto Achar (quien me orientó para encontrar editorial), Eugenio Torre Valero, Memo Romo, Paco Artolozaga, El "Ruso" Brailovski, Hugo Sánchez, Javier Aguirre y muchos más que encontré en el camino del futbol, de la infancia y la vida.

De nuevo y siempre mi gratitud eterna a mi esposa Chely que me impulsó a seguir en la aventura de escribir estas andanzas, a mis hijos y a mi yerno Andrés por alentarme a redactar estas aventuras para los amantes del futbol, también a Benjamín Galindo por su apoyo, y en especial a mi hija Lore, la más pequeña y la más futbolera, quien coordinó el trabajo editorial y sin su ayuda no hubiera sido posible este libro. Gracias a Céline Ramos por su ayuda en la redacción y a mi editor, César Ramos por su entusiasmo.

Gracias a todos los seguidores de las Chivas y de mi querida Selección Nacional Mexicana, y a la gran afición de Santos de Torreón, donde viví mi mejor etapa como entrenador y siempre tuve su inmenso apoyo, también a los seguidores de Jaguares de Chiapas, Atlas de Guadalajara y Leones Negros de la UdeG; gracias lectores por acompañarme en este recorrido y, para finalizar, gracias ¡bendito futbol!

Fernando Quirarte, junio de 2025,
a un año del mundial México-Estados Unidos-Canadá 2026.

Prólogo

¡Sí, bendito futbol! Porque gracias a este deporte maravilloso he logrado cumplir muchísimos sueños que surgieron en mi infancia y luego aparecieron a lo largo de mi carrera deportiva. Bendito futbol, porque fue para mí una noble profesión que me ha dado muchísimas satisfacciones que hoy llenan mi vida con incontables alegrías: jugué profesionalmente en varios equipos, como los Leones negros de la Universidad de Guadalajara, el Atlas y, por supuesto, el equipo de mis amores: las Chivas Rayadas del Guadalajara.

Bendito futbol, porque también gracias a él pude dirigir a grandes equipos como el Atlas de Guadalajara, Jaguares de Chiapas, o Santos de Torreón, con quien salimos campeones y peleamos al tú por tú varias liguillas. También, tuve la enorme fortuna de ser entrenador de mis queridas Chivas del Guadalajara, sin olvidar que fui asistente técnico de Bora Milutinovic. Bendito futbol, porque gracias al esfuerzo, la constancia y nunca frenarme ante la adversidad, pude representar con orgullo los colores de mi querida Selección Nacional, participé en muchos partidos internacionales, oficiales y amistosos, ¡y metí goles en aquel Mundial inolvidable del 86, celebrado en nuestro país, ante mi gente!, visto por todo el mundo y con la bendición de mi padre que por esas fechas había dejado esta vida.

Este libro, escrito con pasión, nervios, lágrimas y muchas ilusiones, expresa mi agradecimiento al futbol por tantas bendiciones, logros y sueños cumplidos. En estas páginas revelo cosas que nunca había compartido, dolores y alegrías; anécdotas que ahora me hacen reír, reflexionar sobre el sacrificio o pensar con tristeza y nostalgia sobre grandes e inolvidables personajes que me acompañaron en el camino: compañeros de cancha, entrenadores, amigos de los equipos a los que pertenecí y muchas otras personas que conocí gracias a este bello deporte.

Cómo olvidar mis encuentros con jugadores extraordinarios como Maradona o Hugo Sánchez, con quien tuve el honor de jugar; o ser compañero, no sólo en la cancha sino en la vida de grandes futbolistas como el Yayo de la Torre, "Zully" Ledesma, Sergio Lugo y Demetrio Madero, por mencionar algunos; las enseñanzas del profe Bora Milutinovic, Diego Mercado, Alberto Guerra; la amistad con Jorge Vergara, el Ruso Brailovsky; haber conocido a los simpáticos Sergio Corona y "El Loco" Valdez; al Potrillo Fernández y a su papá, el inolvidable Vicente Fernández... entre muchas más celebridades del deporte y los espectáculos.

En este libro confieso las horas amargas que traen las derrotas deportivas, lo que realmente pasó en aquellas broncas entre Chivas y América, lo que nadie sabe sobre por qué no pude jugar en Europa y las amistades que se forjaron dentro y fuera de la cancha. Además, detallo cómo era mi familia, la hermosa relación que tuve con mis padres, las bonitas tardes en las que nos reuníamos en la casa de la abuela, de mi tío Enrique o en la mía, los juegos con los hermanos y hermanas, los primos y los tíos, las travesuras en la calle con los demás amigos, mi admiración a los primeros futbolistas de las Chivas que conocí cuando llevaban a sus hijos a la escuela donde yo estudiaba, ellos fueron mis compañeros de clases y compartimos los mismos sueños de la niñez.

Te cuento cómo llegué al futbol, mi debut profesional en el Tapatío, ¡y ándale!, mi llamado a los pocos meses a las Chivas. Te confieso los momentos trágicos que pasé con la muerte de mis hermanos y seres queridos; te hablo, agradecido de corazón, sobre cómo conocí a mi esposa y el nacimiento de mis amados hijos. Te revelo los momentos más duros que he pasado como padre y cómo mi familia ha sido un gran pilar, una base indestructible para mantener la unión y el amor.

Aún me emociona recordar y compartir, ahora contigo, amigo lector, los momentos inolvidables que me regaló el futbol, los campeonatos, las batallas gloriosas durante los clásicos, las liguillas... pero no sólo los instantes en la cancha o en los entrenamientos defendiendo con coraje deportivo la camiseta de las Chivas o de la Selección Mexicana, te hablaré de eso y más, también de los viajes, porque gracias al futbol conocí muchos lugares increíbles, otras costumbres y culturas, otras formas de pensar y vivir; viajé lleno de emoción a Francia, Japón, Egipto, Estados Unidos, Rusia, Argentina, Perú, Brasil, Inglaterra, Italia y muchos países más, jugué y paseé por ciudades donde el frío era terrible o el calor representaba otro adversario, comí cosas rarísimas, saludé a gente muy cariñosa a la que no entendía su idioma, valoré la grandeza de México: su historia y su cultura al verme a miles de kilómetros lejos de casa, y pasé largos días extrañando a mi familia, a mi esposa y a mis hijos, lleno de sentimientos encontrados en largas temporadas en lugares donde el futbol era un sólo lenguaje y la responsabilidad deportiva un compromiso mayor.

También comparto contigo aspectos totalmente desconocidos de mi vida, como cuando fui funcionario deportivo en Jalisco y me tocó aportar trabajo y humildad durante aquellos días en que ocurrió la tragedia de las explosiones en Guadalajara y murieron muchas personas; te cuento sobre mi experiencia como analista deportivo y las discusiones llenas de pasión con los compañeros sobre los triunfos y derrotas de mis Chivas, del América, el Cruz Azul o Atlas, el rival tapatío por excelencia que hasta el día de hoy mantiene una gran rivalidad entre los aficionados, y también detallo algunas experiencias de mi faceta como empresario, cómo llegué a este mundo laboral y las cosas que aprendo diariamente.

Te invito a que me acompañes en este recorrido donde el amor y la pasión al futbol me llevaron por muchos caminos, a conocer y admirar a tantas personas, a querer mucho a la afición, y a reconocer el trabajo de tantos hombres y mujeres que hacen posible la dicha del futbol.

Y siempre lo digo: gracias por siempre bendito futbol, gracias vida por tantas alegrías, experiencias y lecciones, y también muchísimas gracias a ti, amigo lector, por acompañarme en esta cancha de recuerdos que siempre me lleva a confirmar, ¡sí, bendito futbol!

I. Besos al cielo: ¡Mundial México 86!

Silbatazo inicial, ¡ándale! El Estadio Azteca a reventar, la escuadra nacional enfrentaba a Bélgica disputando su primer partido como anfitrión después de una larga ausencia en este certamen; los nervios y la emoción estaban a tope, los cánticos: "¡México! ¡México! ¡México!" retumbaban en el estadio. Corría el minuto 23, recibí un centro por el lado derecho de Tomás Boy, era una jugada que habíamos practicado innumerables veces, consistía en entrar en "trenecito", uno, dos, tres, cuatro, cinco jugadores en fila, a veces Aguirre primero, a veces Hugo tercero, yo en cuarto… en fin, una jugada que ya conocíamos y que pusimos en práctica. Esa vez yo iba de quinto, adelante estaba Aguirre, y en cuanto vimos el centro de Boy, ambos corrimos hacia el balón. Aguirre, con esa habilidad que lo caracteriza, arrasó con medio mundo y atravesó el área sin cometer ni una sola falta, decidido a rematar antes que nadie. Las cosas se acomodaron, Aguirre me abrió un espacio y yo, sin dudarlo, brinqué lo más alto que pude y conecté la pelota con un cabezazo mandándola hacia el lado izquierdo del arco de Jean-Marie Pfaff, el balón pegó en el poste y, casi como un poema: ¡GOOOOOOOL de México!

El Azteca estalló en gritos, yo, totalmente extasiado, corrí, salté casi medio metro por encima de los defensas, me di un madrazo, por cierto, cuando me levanté corrí despavorido levantando los brazos al cielo, dando besos y gritando agradecido porque me imaginé que ese centro me lo había mandado mi papá que había fallecido poco tiempo antes, me persigné, dirigí mis ojos al cielo y pensé: "¡Gracias, papá!"

La emoción era inmensa, yo estaba como loco, y si no hubiera salido el "Abuelo" Cruz a agarrarme, estoy convencido que me hubiera dado la vuelta olímpica, porque de verdad estaba extasiado y muy agradecido con Dios por permitirme regalarle ese momento a mi padre. Llegaron mis compañeros a celebrar, no me acuerdo bien si le di un beso por la alegría al "Capi" o al "Abuelo", llegó también Javier Aguirre y me jaló los pelos, fue una experiencia que a la fecha me emociona muchísimo recordar.

Así fue mi participación en el Mundial, una experiencia muy significativa porque fue un gol que anhelé por mucho tiempo, un gol que deseaba con todo el corazón porque en aquel 1986 viví uno de los momentos más tristes de mi vida y que, irónicamente, fueron en parte la razón de ese gol, la muerte de mi padre.

Él murió en enero de aquel año, apenas cinco meses antes del Mundial, lo que significó un parteaguas en mi vida, mi padre fue una figura importantísima para mí, el pilar de mi familia y quien prácticamente me inculcó ese amor al futbol y al equipo de mis amores, las Chivas, pero eso te lo dejo para unos capítulos más adelante. Lo que recuerdo de esa época es la soledad que sentía, ya tenía los boletos comprados para los partidos previos al Mundial y algunos más para la fase inicial, entonces fue algo muy duro tener en mis manos esos boletos que representaban, en ese momento, una de las pérdidas más dolorosas que he tenido.

Recuerdo el instante en que me enteré de su muerte, estaba en "La Malinche", cerca de Puebla, entrenando con la Selección Nacional preparándonos para el Mundial. Cuando me llegó la noticia le pedí permiso al entrenador de aquel entonces, Bora Milutinovic, para viajar a mi natal Guadalajara algunos días y enterrar a mi padre, peticiones que me fueron otorgadas sin dudar. Me perdí unos cuatro días de entrenamiento en los que me dediqué a acompañar a mi familia y despedirme de mi papá. Cuando regresé, debo decirlo, todos se portaron de forma maravillosa conmigo, muy empáticos. Agradezco cada abrazo, palmada y las llamadas que recibí no sólo por parte de mis compañeros y equipo técnico, sino de periodistas y gente del medio que se enteró.

Fue un momento muy emotivo, tristísimo, y en extremo difícil; mi compromiso con la Selección era total, debía estar concentrado al 100%, pero esta noticia vino a romper con todo. Sin embargo, recuerdo que pensé: "No me voy a caer", y encaucé toda esa energía, esas emociones, ese luto, hacía algo que a mi padre le hubiera encantado vivir: verme jugar el Mundial. Porque, siendo sincero, mi papá y yo hablamos de esa posibilidad, pero ninguno de los dos lo tenía como algo seguro, era un sueño compartido que, gracias a Dios, se hizo realidad.

De alguna forma, la muerte de mi papá fue una motivación extra para que yo trabajara con más ganas, dedicando sudor y concentración a su memoria, honrando las horas que invirtió en mí, en mi educación, en la pasión por el futbol, así que yo le prometí que si metía un gol iba a ser suyo, fueron semanas de trabajo en su memoria, hablaba constantemente hacia el cielo y ese Mundial, él sabe allá arriba, que se lo dediqué enteramente.

Después de mucho entrenamiento, llegó el día que estábamos esperando, los partidos de la Selección Mexicana previos al Mundial. Recuerdo que para ese momento yo no sabía si iba a ser titular o no, ni siquiera sabía si iba a jugar al menos algunos minutos. La defensa estaba conformada por Raúl Servín, Félix Cruz Barbosa, un excelente jugador de los Pumas; Rafael Amador, Armando Manzo y yo, peleándonos un puesto.

Todo se definió en un partido, en Los Ángeles, en el Memorial Coliseum, un estadio precioso, sede de las Olimpiadas. Jugamos contra Inglaterra en un amistoso 15 días antes del Mundial, ese día en la mañana, el señor Bora dio la alineación, siempre lo hacía minutos antes de irnos al estadio. Nos juntó a todos y comenzó con la lista, uno, dos, tres, cuatro… diez nombres soltó el director serbio. ¿Diez? ¡Pero juegan once!, mi corazón comenzó a latir, el onceavo jugador estaba destinado para la defensa, la suerte estaba entre Manzo y yo. "Quiero que se queden un momento Fernando y Armando, los demás, suban al camión", sentenció Bora. Platicamos unos minutos, Bora, siempre profesional y con un excelente manejo de grupo, nos dijo: "Señores, como ya lo vieron, la única duda que tengo es referente a mi defensa, no sé a quién de los dos elegir", yo estaba seguro de algo: quien inicie este partido, debuta en el Mundial. Las cosas estaban parejas entre Manzo y yo, ambos habíamos jugado más o menos la misma cantidad de partidos, se podía sentir la tensión, pero las palabras de Bora acuchillaron: "Bueno, nos vamos con Armando". Sentí que todo se me venía encima, tristeza, frustración, derrota, el camino hacia el Memorial Coliseum fue un trayecto tristísimo, mi cara desencajada mostraba todo aquello que venía cargando desde hacía meses.

Llegamos al estadio, mis compañeros comenzaron a calentar mientras yo desde la banca observaba mis sueños de debutar en el Mundial esfumarse. Empezó el partido y las cosas no mejoraban, íbamos perdiendo 2-0 contra "El equipo de la rosa"; faltando cinco minutos para que se acabara el primer tiempo, recibí mi llamado: "¡Fernando!, calienta", ¡Ándale!, y que empieza a salir de mí nuevamente ese deseo esa motivación que sentía perdida, pensé en mi padre y salí a darlo todo y demostrar quién era y por qué estaba ahí. Inició el segundo tiempo, ya estaba en la cancha, y para nuestra fortuna, no hubo más goles, México e Inglaterra hicieron algunos cambios y el marcador final quedó 2-0, a favor de Inglaterra.

Regresamos de Los Ángeles, tuvimos todavía una semana de entrenamiento antes del mentado interescuadras, nuevamente pasaron por mi mente mil cosas, si bien Bora ya me había dado la oportunidad de jugar algunos minutos la titularidad seguía sin definirse.

A punto de arrancar el primer partido interescuadras, Bora sacó la lista de titulares, ¡ahí estaba mi nombre!, me dio muchísimo gusto, estaba emocionado, motivado, di mi máximo esfuerzo en cada partido, me sentía satisfecho con mi desempeño y eso me dio la confianza para pensar que iba a debutar como titular en el partido de México contra Bélgica.

Mucho se habla de la rivalidad entre jugadores, en especial si son de Chivas o América, pero Armando Manzo y yo supimos trabajar juntos, nunca sentí un rencor o una rivalidad más allá de la deportiva entre él y yo, a la fecha llevamos una buena relación, y a pesar de que llevo años sin verlo o hablar con él, ambos sabemos que no hay ninguna barrera entre nosotros porque, a final de cuentas, somos profesionales y en el futbol es así, a veces te toca a ti, a veces a tu compañero, al final del día es el entrenador el que define la alineación. Lo que sí puedo asegurar, es que ver mi nombre en la lista de titulares me trajo una alegría inmensa.

La noche previa a este partido fue mágica, no la puedo describir de otra forma; los seleccionados veníamos de un lugar en Toluca donde estábamos concentrados, fuimos todos a cenar, como era costumbre, estábamos en el Centro de Capacitación que está todavía frente al Estadio Azteca. Platicamos un rato, discutimos una que otra jugada y nos dirigimos cada quien a nuestro cuarto, los nervios se podían sentir en todo el Centro, yo recordaba a mi papá, pensaba en mi esposa, en mi familia, imaginaba cómo iba a ser el partido, los gritos de la tribuna, la escuadra belga, cómo nos iba a ir a los mexicanos, en fin, tenía la cabeza con mil pensamientos que no me dejaban pegar el sueño.

En ese entonces, y me parece que todavía ahora, la Selección Mexicana tenía un grupo de apoyo enorme, y dentro de este grupo había un psicólogo, el señor Octavio Rivas, trabajaba con nosotros y también con el equipo de la UNAM, era una persona muy preparada. Eran otros tiempos, la terapia todavía no estaba tan normalizada como hoy en día, así que muchos del equipo no se abrían a platicar sus cosas, menos aún a tener una sesión con Octavio. Yo sí atendia sus palabras, lo veía como un *coaching* que me ayudaba en los momentos en los que me sentía frustrado o atorado. Entonces, una noche previa al partido, pasó a cada uno de los cuartos a preguntarnos a los jugadores cómo nos sentíamos, yo compartía habitación con el "Abuelo" Cruz y Hugo Sánchez, levanté la mano y le dije: "La verdad, ando nervioso, me gustaría que me dieras una plática, a ver si me calmo". Octavio me contestó: "Claro que sí, Fernando, acuéstate, como si ya te fueras a dormir, piensa qué vas a hacer mañana, en tus objetivos, visualízate en la cancha y empieza a soñar, sueña en grande, Fernando, sueña...", comenzó a hacerme un masaje en la nuca y caí totalmente inmerso en mis pensamientos, soñé con el partido, pensé en anotar ese gol tan anhelado, en lo que significaba para mi papá verme anotar un gol en el Mundial, materialicé todos estos pensamientos que llevaban meses en mi cabeza, y me quedé profundamente dormido.

La mañana del partido empezó lluviosa, aquel 3 de junio de 1986 despertamos con el sonido de la lluvia pegando en las ventanas de las habitaciones del CECAP, fue preocupante para nosotros porque, si bien nos habíamos preparado por meses para este encuentro, contábamos (a lo mejor está mal decirlo) con el factor del clima a nuestro favor, el calor de las tierras aztecas es algo a lo que los europeos no están acostumbrados y muchas veces les juega en contra. Así que nos preocupaba también el estado del campo, no sabíamos si iba a estar lodoso o en buenas condiciones para el partido, por eso, el despertar con un clima frío y lluvioso nos hizo pensar: "¡En la torre, parece que Bélgica juega en casa!"

A las 8:30 de la mañana bajamos a desayunar, teníamos una gran esperanza en lo que venía y la ilusión por lograr algo grande en el Mundial; terminamos de comer y, no sé si fue cosa del destino, de Dios o de algo allá arriba, que justo al salir del Centro de Capacitación rumbo al Estadio Azteca, dejó de llover y salió un sol resplandeciente que iluminó la cara de todos los seleccionados.

A las 9:30 partimos rumbo al Azteca, a pesar de que estaba a cinco minutos tomamos previsiones y salimos con mucho tiempo de antelación, casi hora y media antes. Llegamos al Coloso de Santa Úrsula muy emocionados, pasamos a la cancha para ver en qué condición estaba y qué tipo de zapatos íbamos a usar, si de aluminio o de plástico, porque es importante adecuar el calzado a las necesidades que se te presenten, en este caso, decidimos usar de aluminio para prever cualquier eventualidad, no nos queríamos arriesgar a alguna lesión por resbalarnos en la cancha, o cometer algún error, menos en una competencia de este nivel. Pero, como dije antes, no sé qué poder divino jugó sus cartas ese día que notamos cómo la cancha se iba secando rápidamente, ¡padrísimo!

Después de bromear un rato entre compañeros, escuchamos la voz de Bora: "Muchachos, bájense a cambiar". ¿Cambiarnos? ¿Ahorita? Pero si todavía falta como una hora para que inicie el partido. Ni modo, a hacer caso al DT. Bajamos a los vestidores y notamos algo inusual, en medio de los vestidores había una televisión gigante, nos volteamos a ver unos a otros sin saber qué pasaba, Bora nos pidió sentarnos frente a la tele y prendió el aparato. A continuación, pasó algo que todavía de acordarme me llena el corazón de felicidad, en la pantalla de la tele aparecieron videos de nuestras familias, padres, esposas, hermanos, hijos, cada jugador tuvo un mensaje de sus familiares deseándole suerte en el partido, dando mensajes motivacionales y abrazando a la distancia a cada uno del equipo. Yo vi en esa pantalla a mi madre y a mi esposa, fue algo conmovedor; al momento que escribo esto todavía tengo ganas de llorar. Éste fue un detalle que le agradezco muchísimo a Bora, fue un incentivo muy fuerte para mí y mis compañeros, y si de por sí ya andaba motivado por todo lo que había vivido los últimos meses con la muerte de mi papá, este último empujón me dio lo necesario para entrar con todo a la cancha. Ahora les comparto una anécdota muy bonita que ocurrió minutos antes del partido y que habla mucho sobre lo que somos los mexicanos.

Ambas Selecciones habíamos salido a cancha, era el momento de entonar los himnos nacionales de los contendientes, el Estadio Azteca estaba a reventar, los coros de las porras retumbaban alentando a sus Selecciones. A los 15 segundos de iniciar el himno nacional mexicano algo pasó con el audio en el estadio, hubo una falla en el sonido local y se cortó de tajo el himno. Aquí es donde sucedió la magia, la gente siguió cantando, sin sonido, sin audio; en el Coloso de Santa Úrsula retumbaban las voces de miles de mexicanos que entonaban orgullosos el himno, fue algo que de recordarlo al día de hoy se me enchina la piel. Nos tomamos de las manos y junto a 120,000 personas entonamos nuestro himno nacional, fue increíble.

Después de aquel maravilloso gol con el que abrí este capítulo, ya los ánimos estaban en el aire, nos sentíamos confiados, siguió el partido, llegó el 2-0 con el gol de Hugo Sánchez en un *corner*, la cosa iba estupenda, después un gol de Bélgica, 2-1, nos puso un poco nerviosos, pero afortunadamente no llegó a más, conseguimos la victoria en un partido que representa uno de los momentos más emotivos de mi vida.

Los ánimos estaban a tope, recuerdo que saliendo del partido recibimos una noticia que nos dejó mudos: "Bien ganado, muchachos, el señor Presidente quiere platicar con ustedes" ¡Ándale!, en ese entonces gobernaba Miguel de la Madrid, que por cuestiones de agenda no pudo asistir al partido, pero terminando nos mandó a llamar a algunos compañeros, su servidor fue uno de los afortunados, para felicitarnos por televisión por la victoria obtenida. Fui de los primeros en hablar con él, me felicitó por el gol y, agradecido, le comenté: "Señor Presidente, lo esperamos el siguiente partido, espero nos acompañe", "claro que sí, Quirarte, cuenten conmigo", lo que significó también un aliciente para ganar los siguientes partidos.

Después de esa reunión, nos bañamos, nos cambiamos y nos dirigimos al camión que nos iba a llevar de vuelta al Centro de Capacitación a comer, y de ahí hacia otro Centro, en Toluca, donde pasamos un mes en concentración mientras disputábamos los partidos del Mundial. Y es por estas cosas que agradezco mucho a la afición, que nos cobijó con alegría en esa época, porque cuando nos dirigíamos de vuelta a la concentración en el camión oficial de la Selección Nacional, pasamos por todo Viaducto, en la Ciudad de México, y no miento, ya habían pasado dos o tres horas del término del partido, y en todos y cada uno de los puentes que pasábamos, habían decenas de aficionados, mucha gente vitoreando a la Selección, aplaudiendo, carros escoltándonos y hondeando banderas tricolores y sonando las cornetas, celebrando con nosotros el triunfo de México, fue algo inolvidable.

Llegaron los demás encuentros, nuevamente agradezco a Dios por ponerme en el camino correcto y por anotar otro gol contra Irak. Formamos una jugada que teníamos tiempo practicando, yo la conocía a la perfección pues la usábamos también en Chivas. Era algo así: mi posición era defensa central, entonces sabía que había jugadas en las que la pelota pasaba de largo casi sin que nadie la tocara debido a un mal centro, a que alguien la "peinaba" o alguna circunstancia parecida, entonces me fui hasta atrás, cazando un centro del lado izquierdo con comba de Manuel Negrete, me abrí paso, paré el balón y tiré a gol, sin dudarlo, y gracias a Dios, ¡anoté!, fue algo padrísimo porque ese tipo de tiros no eran mi fuerte, no tenía buen ángulo, el portero estaba de frente y podía pararla sin problema, podía haber recentrado, pasarla y armar una jugada más segura, pero algo dentro de mí dijo: "¡Tira!", pateé el balón con todas mis fuerzas y dio resultado. Este gol nos dio el pase a la siguiente ronda, ¿se imaginan? ¡el gol de un defensa! En esta ocasión salí corriendo a festejarlo, pero ahora me dirigí al lado de la tribuna donde estaba mi familia, corrí a dedicarles el gol a mi mamá, mis hermanos y mi esposa.

En los octavos hicimos un gran partido y jugamos contra Bulgaria, selección a la que le ganamos 2 a 1. Así llegamos al quinto partido y nos enfrentamos a Alemania, ¡ándale!, algo que ni los directivos ni nosotros pensábamos, porque sí es verdad que trabajamos mucho y dimos nuestro mayor esfuerzo, pero pasar a cuartos de final nos tomó por sorpresa de manera positiva a todos. Tan era así que el presidente de la Madrid estaba contentísimo, no era para menos, llegar al quinto partido es algo que ninguna otra Selección Mexicana ha logrado; total, no me preguntes por qué, pero,

¡llegamos a Monterrey en uno de los aviones presidenciales! No en el mero mero, pero en uno de la flota del mismísimo Presidente, sólo para nosotros, sobraban yo creo unos 50 lugares, en fin, una maravilla.

Si ya veníamos motivados, lo que pasó a nuestra llegada a Monterrey fue algo alucinante, el aeropuerto lleno de aficionados, la prensa a todo lo que da, y en el trayecto del aeropuerto al hotel estábamos acompañados de una caravana de carros que nos saludaban y hondeaban la bandera tricolor, una locura.

Una anécdota que me parece chistosa, y que muy pocas veces he contado, viene de este partido. Mi esposa voló el mismo día que nosotros a Monterrey, en un vuelo más tarde, me cuenta que abordó el avión, se instaló y notó que a un lado de ella había tres señores de traje que tenían bordado "FIFA" en el saco, ella les hizo la plática y les preguntó si tenían algo que ver con el partido del día siguiente, y cuál fue su sorpresa cuando le contestaron: "Sí, somos los árbitros del partido de México contra Alemania", ella les dijo: "¿Les puedo pedir un favor?, mi esposo es jugador de la Selección de México, se llama Fernando Quirarte, trae el número 3 y mañana cumplimos un año de casados, ¿me lo podría mandar saludar?", "con mucho gusto, señora", le contestaron. Yo no sabía nada de esto, estábamos en concentración y no podía verla, pero le pedí a un primo que vive en Monterrey que le mandara un ramo de rosas con todo mi amor.

El día del partido amanecimos nerviosos pero entusiasmados, nuevamente sentíamos que el factor del clima nos podía ayudar y eso nos motivó un poco, ingenuos, pensamos que los podíamos cansar, en Monterrey jugamos a unos 30 grados yo creo, pero los alemanes iban muy bien preparados y aguantaron aguerridos los 120 minutos, porque nos fuimos a tiempos extra, a fin de cuentas, es una Selección de potencia mundial, por algo han sido campeones del mundo; no fue un partido fácil, fue muy intenso, muy bien jugado de parte de ambos.

Al minuto 65 salió la primera tarjeta roja, ¡para un alemán!, Thomas Berthold, y como escuadra mexicana pensamos: "Es momento de aprovechar la superioridad numérica", y ¡ándale!, que a los minutos de que expulsaron a Berthold, ¡nos expulsan a Javier Aguirre!

Vino después un centro, un *corner* por el lado derecho, yo rematé al centro, ya me estaba saboreando la jugada cuando llegó de atrás Hugo Sánchez y "cargó" a un jugador alemán, una "carga" que se pudo haber marcado, o no, ya el partido estaba un poco viciado, pero con esa jugada el balón le llegó al "Abuelo" Cruz, quien remató espectacularmente y anotó, sin embargo, el árbitro señaló la jugada de Hugo Sánchez y nos anuló el gol.

Terminaron los 90 minutos, 0-0, y después de los tiempos extra, nada para nadie, y que empiezan los fatídicos penales. Me acuerdo perfecto que llegó Bora y preguntó: "¿Quién quiere tirar?", alcé la mano de inmediato, me sentía muy seguro en ese momento, llevaba dos goles en partidos anteriores, había tenido un buen desempeño y en Chivas yo era quien, antes de que llegara Benjamín Galindo, regularmente tiraba los penales. Cuando llegaron los penales ya no estaba Tomás Boy, Hugo Sánchez ni Javier Aguirre, que eran los que tiraban mejor, así que la responsabilidad cayó en mí, en Raúl Servín y en Negrete.

La tanda empezó, tiró Negrete, lo metió, llegó el alemán, lo metió, turno de Servín, ¡lo falló!, va de nuevo, Alemania, gol. El siguiente penal lo falló Felix Cruz, después anotó el jugador alemán, cuando me tocó tirar a mí, todo se vino abajo, fallé el penal.

Las esperanzas de seguir en el mundial se acabaron como un balde de agua fría, así México se despedía, tristemente, del Mundial.

¿Recuerdan que les conté sobre el encuentro de mi esposa con los árbitros que pitaron ese partido? Pues, ándale que cuando me tocó cobrar el penal tomé el balón, me dirigí al punto de tiro, y cuando me estaba agachando para acomodar la pelota, se acercó el árbitro y me dijo: "Por cierto, lo manda a saludar su esposa, felicidades en su aniversario", me dejó mudo, no supe ni qué responderle. Sin embargo, no sentí que eso haya influido en cómo tiré el penal, yo estaba 100% concentrado en tirar, ya después pensé: "Este hijo de la… mañana, teniendo tanto tiempo para darme el recado, incluso en los tiempos extra, ¡se le ocurre decirme eso cuando estoy a punto de tirar el penal!", fue algo muy chistoso, la verdad. Y sí me gustaría recalcar que el hecho de que me haya dicho eso el árbitro no influyó en la forma en la que tiré el penal, porque cuando un penal se falla es simplemente porque estuvo mal tirado, en esa ocasión yo había visto que Schumacher, guardameta alemán se "cargaba" hacia el lado derecho, entonces mi instinto fue tirar al centro, y dicho y hecho, el portero se tiró al lado derecho, se aventó, pero con tal mala suerte para mí, que con las piernas alcanzó a sacar el balón, no se imaginan la tristeza que sentí en ese momento. Aquel fatídico día perdimos en penales contra Alemania, dejando atrás el sueño mundialista.

Regresamos a los vestidores con el ánimo por los suelos, nadie decía nada, algunos lloraban, otros veían el piso, era un ambiente de absoluta derrota. Yo, está de más decirlo, me sentía fatal, porque si hubiéramos pasado a la siguiente ronda nos hubiera tocado jugar en Guadalajara, eso hubiera sido un sueño para mí, incluso se hablaba ya de estar en los últimos cuatro equipos, era una cosa que nos tenía esperanzados a todos, pero lamentablemente no se pudo.

Muchos dicen que si nos hubiera tocado jugar en el Azteca le hubiéramos ganado a Alemania, pero eso nunca lo sabremos, nada es seguro en el futbol, por eso es tan hermoso.

Al siguiente día volé a la Ciudad de México a recoger unas cosas para después irme a Guadalajara con mi familia, mi esposa todavía estaba en Monterrey, ella regresaba un día después que yo, entonces recuerdo que esa primera noche llegué a mi departamento donde vivía en el entonces Distrito Federal, tristísimo bajé a comerme unos tacos, regresé y me acosté a pensar en lo que había pasado. En eso estaba cuando recibí una llamada del programa de Guillermo Ochoa, *Hoy Mismo*, preguntándome si al otro día podía ir a dar una entrevista; mi error fue decirles que tenía un vuelo a Guadalajara a las 12, a lo que me contestaron: "No te preocupes, a las 8:30 acabamos", entonces acepté. Llegué al foro a las 7 de la mañana, me hicieron media hora de entrevista, fue rápido, ahí por cierto conocí a la famosísima Chiquiti Boom, y salí rumbo al aeropuerto a eso de las 8.

Antes de salir al aeropuerto me llamó Bora Milutinovic para decirme que había, no sé si unos paisanos de él, unos promotores deportivos que querían hablar conmigo porque pensaban llevarme al Brest de Francia. ¡Casi se me caen los pantalones cuando escuché eso! Había pasado apenas casi un día de la tristeza que me causaba perder con la Selección, cuando me llegó esta noticia que me inyectó una felicidad grandísima. Porque en ese tiempo era muy raro que un mexicano fuera a jugar a Europa, el único que se había ido era Hugo Sánchez, entonces era la oportunidad de mi vida. Sin embargo, yo ya tenía un compromiso esa misma tarde en Guadalajara, por lo que le di a Bora un número telefónico adonde me podían marcar y concretar una cita, incluso le ofrecí mi casa para vernos ese mismo día, yo estaba encantado con la posibilidad de irme a jugar a Francia.

Sabía que mi directiva de las Chivas me iba a recibir en Guadalajara, eso había hablado con el presidente un día antes, y de ahí nos íbamos a ir con el señor Gobernador de Jalisco que había pedido verme y recibirme con honores, casi, casi. Así llegué a Guadalajara, el avión todavía seguía en pista cuando de pronto vi llegar dos camiones, uno lleno de toda mi familia, mis tíos, mis hermanos, mi esposa, mi mamá, ¡hasta el perrito iba!, y el otro camión iba lleno de prensa. Me subí al camión donde iba mi familia y juntos entramos al aeropuerto, una vez ahí, lo recuerdo con mucha emoción, me recibieron cientos de personas, todos felicitándome, había muchos amigos, incluso contrataron un mariachi, así nos fuimos todos a una sala destinada a una rueda de prensa, contesté algunas preguntas y nuevamente me escoltaron todos a la salida del aeropuerto, padrísimo, espectacular, es algo que nunca se me va a olvidar.

De ahí nos dirigimos al Palacio de Gobierno, me acuerdo perfecto que justo en la puerta principal ya estaba esperándome el gobernador de Jalisco. Entré con mi directiva al salón de cabildos, dentro del Palacio de Gobierno, ahí el gobernador me dio un mensaje, el director del Club Guadalajara también me compartió algunas palabras, fue muy padre.

Terminados esos compromisos vino la pachanga, mi familia me tenía una sorpresa, me organizaron una comida en el lugar donde yo me casé un año antes, un restaurante que era muy conocido en Guadalajara, el Real Cazadores, su dueño era mi compadre Paco Martínez, ahora ya no existe, pero era famosísimo. Llegamos al lugar y estaba lleno, mi familia había invitado a muchas personas, yo en ese momento también le marqué a varios amigos para que fueran a festejar conmigo. Una vez instalado, le pedí el número de teléfono del restaurante a un primo, y me comuniqué nuevamente con Bora para que se los diera a los promotores y pudiéramos concretar una cita.

Entre tequila y tequila (y eso que casi no tomo), me la estaba pasando de maravilla, tenía muchas emociones dentro de mí, desde la eliminación de México, el gol dedicado a mi padre, las entrevistas con la prensa, el programa de Memo Ochoa, la llamada con Bora, la posibilidad de irme a Francia, fue un día realmente muy intenso.

Dieron aproximadamente las 7 de la noche cuando me avisaron que estaban llegando los promotores al restaurante, nosotros en plena fiesta, pero claro que me tomé una hora para hablar con ellos, nos fuimos a una sala privada ahí en el Cazadores y, no es mentira, en sólo una hora yo ya estaba arreglado económicamente respecto al sueldo que quería, negocié un departamento dónde vivir y hasta un coche para desplazarme. Las cosas iban viento en popa, pero al momento en que los promotores hablaron con mi directiva, la de las Chivas, las cosas se empezaron a quebrar. A la fecha no sé por qué el Club Guadalajara hizo lo que hizo, les daban un precio por mí, de ahí me tocaba un porcentaje del 25% por mis 16 años jugando con ellos, y yo no tenía problema con eso, lo que me dieran estaba bien, yo lo que más quería en ese tiempo era irme a jugar a Europa, era el sueño de casi todo jugador.

El problema fue que durante las negociaciones, que duraron algo así como una semana, el Club Guadalajara cambió infinidad de veces el precio, un día decían una cifra, al otro día otra más alta, al siguiente día le subían más, ya para el cuarto quinto día pedían el doble. Total que me hablaron después de unos días y me dijeron: "Fernando, con la pena, pero no llegamos a ningún acuerdo, nunca nos había pasado algo así, estamos acostumbrados a negociar sobre un precio fijo, y si la directiva no te quiere soltar, ni modo". De nuevo me derrumbé, todos estos sentimientos de tristeza y frustración me dieron con todo, fue durísimo, porque me sentí defraudado por mi directiva, no sabía por qué me estaban dando la espalda en esta oportunidad única en la vida, la verdad me pegó mucho porque era una ilusión para mí.

También económicamente me afectaba, porque mi contrato con Chivas se vencía justo después del Mundial, y si me hubieran vendido me hubiera tocado más dinero que lo que me tocó cuando renové. Yo estaba en un momento extraño porque, si bien venía de un muy buen desempeño en el Mundial, mi futuro era incierto, no sabía si las Chivas me querían renovar, si me querían vender, si me tocaba irme a otro equipo en el extranjero, en fin, fueron momentos de total incertidumbre.

Siempre me fue muy bien con Chivas, no me quejo ni me arrepiento de nada de lo que aprendí y viví en el Club, y ese bache que tuve con la directiva fue sólo un pedacito de la historia con mis Chivas. Porque, como bien dicen, por algo pasan las cosas, y es que yo nunca había sido campeón con las Chivas, y el no haberme ido a Francia me permitió cumplir mis sueños de alzar la copa con el equipo de mis sueños, porque ese mismo año que renové con Chivas salimos campeones, pero esto lo dejo para otro capítulo.

Tuve la fortuna jugar con una Selección Nacional maravillosa, conectamos muy bonito con la gente, se lo atribuyo en parte a que fue una época en la que tuvimos buenos resultados, ganamos partidos importantes y sentíamos el apoyo y el cariño del público. Ahorita las cosas son muy distintas, creo que la Selección actual no conecta tanto, veo a la gente desencantada, no ve un compromiso, esto, obvio, es mi humilde opinión. El tiempo que jugué para México, considero, fuimos un equipo muy entregado, al menos yo, me vine a vivir a Ciudad de México casi un año previo al Mundial, entrenaba con la Selección como si estuviera con las Chivas, eran entrenamientos muy estrictos, de hasta tres veces al día, el primero justo después de desayunar, a las 8 de la mañana, descansábamos un rato y luego al mediodía, de nuevo a entrenar, comíamos a las 2-3 de la tarde y después el último entrenamiento a las 4:30, salíamos y directo a la casa a descansar. Eran entrenamientos muy constantes, disciplinados, tuvimos varias giras por Centroamérica, Sudamérica y Europa que nos unieron mucho como Selección, la gente vio por parte de los directivos una forma diferente de trabajar, de darnos todas las armas posibles para que después no hubiera pretextos y diéramos la mejor versión de nosotros.

Recuerdo una anécdota muy chistosa, estaba recién casado y vivía con mi esposa en la Ciudad de México. Regularmente, después del entrenamiento pasaba por mi señora y nos íbamos a cenar unos taquitos ahí por mi casa, que estaba en el sur de la ciudad, pasando Perisur, pero ese día no sé qué me pasó que me confundí y me seguí rumbo a Cuernavaca, ¡en la madre!, yo no conocía muy bien la Ciudad de México y no veía cómo regresar. Ni modo, en mero Periférico vi la oportunidad y me eché de reversa, esperando incorporarme al otro carril o encontrar un retorno. En esas estaba cuando escuché el sonido de la patrulla, ¡me van a multar! Y ahí sí hice algo que, la verdad, no me gustaba, le dije al policía: "Perdóneme, ando un poco perdido, vengo saliendo de entrenar con la Selección Nacional con el profe Bora, soy Fernando Quirarte", "¿A poco sí? A ver su licencia", me contestó. Le enseñé mis papeles y el policía cambió de inmediato de actitud: "Ah, mire, ¿y no trae alguna camiseta o algo que me firme?" Yo en Guadalajara siempre traía dos o tres balones firmados para los niños o para cualquier aficionado, pero en Ciudad de México no llevaba nada. "Mira, nada más tengo mi uniforme de entrenamiento, pero está sucio", ¡se llevó el short, la camiseta y hasta las calcetas firmadas!

Otra cosa que considero importante mencionar, es que el Mundial de México 86 fue un desahogo para mucha gente que había pasado por cosas muy fuertes como lo fue el Terremoto de 1985, una tragedia en toda la extensión de la palabra que marcó al pueblo de México. Muchos de los aficionados que nos acompañaron en los partidos del Mundial habían perdido a sus familiares, sus casas, su patrimonio, entonces gritar: "¡Gooool!" fue una especie de desahogo para muchos, al menos así lo pienso.

El 19 de septiembre es una fecha muy importante para mí porque es cumpleaños de mi esposa, y fíjense que la vida ha sido muy buena conmigo porque aquel 19 de septiembre de 1985 mi esposa había viajado de Ciudad de México a Guadalajara para festejar con la familia, así, afortunadamente no le tocó el temblor en el entonces D.F., que fue una de las zonas más afectadas.

Ese 19 de septiembre del 85 la Selección viajaba a Los Ángeles porque teníamos un partido contra la Selección de

Perú, la cita en el Aeropuerto Internacional Benito Juárez era a las 8 de la mañana, pero como todos los "chilangos" saben, la Ciudad de México es un enigma en cuanto a trayectos y tiempos, así que me salí poco antes de las 6:30 para irme con tiempo. Llegué al aeropuerto con antelación, estacioné mi coche en el Holiday Inn que está enfrente y tomé el servicio de transporte que me dejó justo en las puertas de "salidas". No había puesto ni un pie dentro del aeropuerto, apenas se abrieron las puertas corredizas y un tumulto de gente salió corriendo: "¡Está temblando!", fue cuando alcé la vista y vi las lámparas menearse como péndulo, ¡en la torre! Crucé la calle y me refugié frente al estacionamiento, entonces nos dimos cuenta de la magnitud del temblor, que fue trepidatorio y duró poco más de minuto y medio.

Pasada la conmoción, nos metimos nuevamente al aeropuerto y comenzó la incertidumbre y el miedo, las telecomunicaciones estaban muertas, no había radios, televisión, mucho menos teléfono, toda la ciudad estaba incomunicada, no nos imaginábamos cómo estaba el Centro de la ciudad, no teníamos ni idea de que algunos edificios emblemáticos como el Hotel Regis o edificios en Tlatelolco se habían derrumbado, era como estar a ciegas.

Por la gravedad del asunto pensamos que los vuelos se iban a cancelar, que ya no volaríamos a Los Ángeles ese día, pero después de dos horas comenzaron a reestablecer los vuelos: "Vuelo 5512 con destino a Los Ángeles, favor de pasar a la sala 15", nos informaron que íbamos a hacer una breve escala en Guadalajara para cargar combustible, ¡por mí, mejor! Me acerqué al piloto y le pedí que me dejara bajar rápidamente para hablarle a mi familia, que se encontraban ahí en Guadalajara, quería asegurarme de que estaban bien, el piloto, muy buena onda, me dio el permiso a mí y a otros dos compañeros, este detalle se lo voy a agradecer siempre. Corrí al teléfono más cercano y me comuniqué con mi esposa, ella y mi familia estaban bien, en Guadalajara no se sintió el temblor tan fuerte como en la Ciudad de México, también mis compañeros tuvieron la fortuna de contactar a sus familias y todos estaban a salvo, gracias a Dios.

Llegamos a Los Ángeles y saliendo del aeropuerto, sin mentir, vi unos 10 camarógrafos y varias camionetas de prensa esperándonos. En ese momento no pensé en el temblor, dije: "Ah, caray, ¡qué importante va a ser el partido de mañana!", se me acercó corriendo una reportera y me preguntó: "¡Fernando!, ¿cómo está México? ¿Está en llamas?", ¿Cómo? No sabía de qué me hablaba, ella siguió: "Sí, ¡está destruido! Hay varios edificios en ruinas, mucha gente quedó atrapada en los escombros…" Fue cuando realmente nos dimos cuenta de la magnitud de las cosas, varios compañeros, que no habían podido comunicarse con sus familias, se pusieron pálidos, había una gran conmoción en general.

Llegamos después al hotel y, al menos yo, lo primero que hice fue prender la televisión, entonces vi la desgracia que había ocurrido, hoteles en llamas, Tlatelolco destruido, las calles llenas de escombros, fue algo tristísimo.

Como era de esperarse, el partido del día siguiente se suspendió, claro, no podíamos jugar si el pueblo de México estaba pasando por un momento tan terrible, fue un luto nacional que marcó al país.

Regresamos al día siguiente a la Ciudad de México y apenas aterrizamos, cada uno de mis compañeros se fue corriendo a ver a sus familias. En mi caso, no volé a Guadalajara sino hasta después, el día que regresamos de Los Ángeles me fui directo a mi casa, que estaba en ese entonces rumbo a Perisur, casi al lado del restaurante El Arroyo, en un edificio de siete pisos que, gracias a Dios, no sufrió daños. Pero en ese camino del aeropuerto a mi casa, atravesé casi toda la ciudad y vi la situación en la que estaba, había lugares en los que de plano no podías pasar porque estaban llenos de escombros, terrible.

Y aquí me gustaría compartir algo que me ha atormentado durante muchos años, que a la fecha me pesa recordar. Un primo era doctor y trabajaba en Centro Médico, estaba en su guardia cuando le agarró el temblor, esto me lo contaron mis familiares, y cuando iba bajando las escaleras, desgraciadamente, ocurrió un derrumbe que lo atrapó entre los escombros. Él duró una semana enterrado en los escombros, yo me enteré como al tercer día que fue cuando falleció. Recuerdo con mucho dolor e impotencia esto, porque no hice nada por ayudarlo, mis otros primos vinieron desde Guadalajara y me cuentan que aquellos terribles tres días que él permaneció con vida, podían hablar con él, pero no lo veían, había de por medio tres o cuatro metros de escombro, él les decía que tenía una loza muy pesada en el pecho y que no se podía mover. Me duele mucho contar esto porque pienso que pude haberlo ayudado, a lo mejor por ser de la Selección pude haber pedido un favor a alguien, algún apoyo especial que ayudara a mi primo porque, aunque había miles de personas en esa situación, yo tenía contactos importantes en ese entonces y no se me ocurrió hacer nada, estaba muy ofuscado, no se me "prendió el foco" y desafortunadamente mi primo falleció.

Ese año, 1986, el año del Mundial en México, crecí mucho como persona, como jugador, como esposo, como hijo, fue un año lleno de momentos maravillosos, de aquel gol tan inolvidable para mí, de las manos al cielo, de compañerismo, de entrega, de preparación, de agradecimiento pero, sobre todo, de ser consciente de lo afortunado que era, y sigo siendo, por compartir cancha y vida con personas que me enseñaron mucho. También fue un año de tristeza, luto, desesperación, añoranza por mi padre y familiares perdidos, así como la frustración por no jugar en Europa, un año que le pegó mucho al pueblo mexicano que venía saliendo de una tragedia. En fin, un año que, sin duda, escribió un capítulo en mi vida.

2. ¡Gracias futbol!

El cariño que le tengo al futbol viene desde la cuna, tengo una familia futbolera desde hace generaciones. Mi papá y mis hermanos me enseñaron prácticamente a patear un balón, soy el hijo menor y recuerdo que acompañaba a mis hermanos mayores a sus partidos, era algo que disfrutaba muchísimo. Y en eso tuvo mucho que ver también mi tío Enrique, ahorita les explico por qué.

Siempre hemos sido una familia muy unida, es algo que agradezco y que trato de replicar ahora con mis hijos, a tener siempre tiempo para compartir con los que más queremos. Resulta que los fines de semana nos reuníamos primos, tíos, tías, abuelos, toda la familia en una casa de campo a las afueras de Guadalajara para comer juntos y pasar la tarde. Llegaban mis tías con cazuelas de comida, había tacos, tortas ahogadas, todo tipo de guisados, los ponían en una mesa grande y nos la pasábamos padrísimo conviviendo.

Mi tío Enrique, que era muy picado con el futbol, llegaba a eso de las 2 de la tarde y nos llevaba a todos los primos en su camioneta, una camioneta grande donde cabía todo un equipo de futbol, a una granja que tenían los hermanos de mi mamá, era un lugar muy bonito, una casita de campo en un terreno muy grande que acondicionaron como un campo de futbol donde disputábamos entre primos partidos increíbles, en ese tiempo yo tenía 8 o 9 años.

La afición de mi tío Enrique al futbol era tal, que pasábamos tardes enteras jugando en familia, a veces todo el fin de semana, eso, llevado de la mano con el ejemplo de mi papá y mis hermanos terminó de concretar mi amor hacia este maravilloso deporte.

A la par de esto, empecé a jugar en las "Migajas", un equipo de las Chivas de ligas infantiles donde, considero, fueron mis inicios en el futbol.

Me viene a la mente un primo que fue también un ejemplo para que yo quisiera dedicarme al futbol de manera formal, se llama Sergio Quirarte Rodríguez, él fue seleccionado nacional mexicano, jugador de Atlas y de Tecos en la época cuando yo estaba jugando en las Migajas; recuerdo que él me invitaba a verlo jugar y yo, niño, tenía que ir a recoger los boletos al hotel Malibu, en Avenida Vallarta, donde él se hospedaba durante la concentración (mi mamá me llevaba), a veces le hablaba cuando estaba en el lobby y pasaba a saludarlo, o simplemente me dejaba los boletos con la recepcionista. Este ritual lo tengo muy marcado porque era muy emocionante ir al hotel y encontrarme de repente con jugadores importantes de esa época, en especial recuerdo a Mario Óscar Maldonado, con quien después llevé una muy buena amistad. Todas estas experiencias tan cercanas al futbol fueron las que determinaron desde mi niñez, tomar el camino que tomé.

Pasé así unos tres o cuatro años en estas ligas infantiles de las Chivas, yo tenía 12 años cuando empecé a tener problemas para caminar, de la noche a la mañana noté que mis piernas no me respondían, primero fueron calambres, luego empecé a enflacar, llegó el punto en el que ni siquiera me podía sostener en pie, fue un año terrible, mi familia y yo estábamos muy asustados, ¡había momentos en los que tenía que agarrar dos sillas a modo de muletas para moverme en mi propia casa!, y del futbol ni se diga, simplemente tuve que abandonarlo, tuve que dejar aquello que era de las cosas más importantes para mí, fue muy doloroso porque no sabíamos qué estaba pasando, estábamos en la incertidumbre de saber si podía volver a caminar, si iba a quedar paralítico, no sabíamos qué había causado esta enfermedad tan repentina.

Me llevaron con un cardiólogo, me acuerdo perfecto de su nombre, el doctor Alberto Briseño Montoro, le platicamos lo que estaba pasando y me mandó a hacer un chequeo profundo, exámenes, radiografías, etcétera. Después de algunos días, habló con mi mamá y le dio la noticia de que yo era propenso a la fiebre reumática, una enfermedad que al día de hoy tiene una cura bastante simple. La fiebre reumática se dio en mi caso porque padecía de anginas y no me habían operado, entonces la solución era esa, operarme de las anginas y seguir un *méndigo* tratamiento de un año en el que cada mes me inyectaban una medicina que tengo todavía en la memoria porque me dolía muchísimo: benzetacil.

A los tres meses de empezar el tratamiento vi una mejoría impresionante, tanto así que pude regresar a jugar, si bien no en el nivel en el que estaba con la liga infantil de

Chivas, sí pude inscribirme a una liga sabatina y de vez en cuando salía con mis amigos de la cuadra a jugar en un lote cerca de donde vivía.

En esta liga sabatina también jugaba un buen amigo de la secundaria, Raúl Arce Manjarrez, que en paz descanse, y un día me hizo el comentario: "Fernando, juegas muy bien, ¿por qué no intentas probarte en el Tapatío de tercera división? Yo estoy de titular ahí, conozco al entrenador y puedo conseguirte una prueba", algo que para mí parecía imposible, no estaba en mi mejor momento físico, había dejado de entrenar debido a mi enfermedad y sentía que había perdido el ritmo.

El Tapatío me dio mucho, es un equipo filial de las Chivas que ha dado muy buenos resultados, muchos jugadores con gran nivel han salido de este equipo y doy gracias por haber sido yo uno de ellos.

Raúl me insistió otras dos o tres veces, hasta que me convenció y fuimos con Diego Martínez, el entrenador de ese tiempo. Aquel día agarré mis zapatos, una playera y un short, y me los llevé en la mano, ni siquiera tenía maleta, me dirigí al entrenamiento del Tapatío y llegué a la cancha a las 9 de la mañana.

Me presenté con el entrenador y en cuanto escuchó mi apellido me preguntó: "¿Qué es de ti Sergio Quirarte?", "es mi primo hermano", le contesté; "ah, perfecto, entonces lo llevas en la sangre".

Entrené con el Tapatío lunes, martes y miércoles, el jueves tocaba interescuadras y el viernes, para mi sorpresa, me pidieron mi acta de nacimiento para presentarme con Francisco González Paul y contratarme en el equipo.

Algo curioso, Diego Martínez me puso como defensa lateral izquierdo pero ¡yo el pie izquierdo lo usaba nada más para subirme al camión, no sabía pegarle al balón con la zurda!, ¿entonces por qué? supongo, ahora después de analizarlo, que me pusieron ahí porque en esa posición no había tanta gente, en cambio, del lado derecho, tenían a un jugador que le decían el "Churritos", se llamaba Héctor Hernández, homónimo de aquel goleador del Guadalajara, y este chavito era muy bueno, velocísimo y con más experiencia que yo, supongo que por eso le dieron a él preferencia.

En la misma semana en que me presenté, acabando uno de esos partidos de interescuadras, me habló el entrenador y me dijo: "Quiero que me traigas tu acta de nacimiento, vas a debutar el próximo domingo en Ocotlán". ¡Ándale!, se me iluminó de nuevo la vida, algo que agradezco a Dios porque él siempre me ha puesto en lugares importantes y me ha dado oportunidades que afortunadamente he sabido aprovechar.

Así que llevé mi acta de nacimiento y me mandaron con el directivo Francisco González Paul, que en paz descanse, quien era el presidente del Tapatío, a él se la entregué en persona. Ese día yo no tenía ni idea de que ya me iban a contratar formalmente, ni siquiera esperaba recibir un pago, pero ahí en la oficina del señor González me informaron que mi sueldo iba a ser de 150 pesos, ¡de los pesos de antes, eh!, y yo maravillado, era mi sueño hecho realidad, ¡iba a estar jugando futbol a nivel profesional a mis 16 años!

Nunca voy a olvidar ese día, firmé mi contrato y me entregaron mi primer sueldo dentro de un sobrecito amarillo. Salí de la oficina sin creer lo que estaba pasando, saqué el dinero con una emoción tremenda, miré al cielo y agradecí a Dios, porque en ese momento mi familia y yo pasábamos por una mala racha económica, no es que estuviéramos careciendo de mucho, pero tampoco teníamos dinero de sobra, entonces, el que yo pudiera aportar dinero a mi familia, lo era todo para mí.

Llegando a mi casa, lo primero que hice fue entregarle 100 pesos a mi mamá: "Aquí está, mi primer sueldo", ella se puso contentísima. Era un gran logro para mí; durante casi un año y medio apoyé en la economía familiar, a pesar de que mi mamá me decía que no, que mejor lo guardara, total que un día mi mamá me dijo: "Acompáñame", me subí al carro, ella iba manejando, y me llevó a una colonia a Ciudad del Sol, se paró frente a una casa que tenía el letrero de "Se vende", nos estacionamos enfrente y mi mamá me dijo: "¿Ves eso? Ésa es tu casa", ¡¿qué?!, pues resulta que con todo el dinero que yo le había dado, ella había dado el enganche para comprar esa casa, ¡para mí! Ahora me tocaba rentar la casa para pagar la hipoteca, ahí mi mamá me enseñó mucho sobre la importancia de tener un patrimonio, me dijo una frase que siempre voy a tener grabada en la memoria: "Algún día, vivirás de tus rentas", y es algo que en su momento, un chamaco de 16 años no entendía, ni siquiera lo tomaba en cuenta, yo pensaba que ese sueldo que ganaba iba a ser eterno, no pensaba en un futuro, pero bien dicen "La vida te da sorpresas, sorpresas te da la vida", y ¡ándale!, ahora tengo la fortuna de tener un patrimonio para mí, y más importante, para mis hijos. Gracias a mi mamá aprendí el valor y la importancia de invertir en bienes raíces, algo que de chamaco no pensé que fuera importante lo valoré años después cuando me retiré del futbol, porque gracias a esas inversiones pude sostenerme, es algo que a la fecha agradezco muchísimo a mi madre.

Mi debut oficial con el Tapatío fue contra una fábrica de hilados y tejidos de Ocotlán, allá hay muchas maquilas. Ese partido lo disputamos en un estadio muy chiquito… si a eso se le puede llamar "estadio", más bien era un campo con unas tribunas muy grandes. Me acuerdo que fueron a verme todos mis hermanos, mi mamá y mi papá, se fueron juntos en el carro, Ocotlán está a una hora de Guadalajara, me apoyaron como siempre lo han hecho, fue una experiencia muy bonita que agradezco, especialmente, a mi compañero y amigo, Raúl Arce Manjarrez, quien me impulsó a probarme con el Tapatío, al entrenador Diego Martínez y, claro, a mi familia.

De esos años me acuerdo de una tradición que tenía, salía de mi casa, caminaba unas cuatro cuadras hacia la Avenida López Mateos y tomaba un camión hacia el Club Guadalajara, que estaba a unos 10 minutos. Apenas bajando del camión había una iglesia, el Templo del Sagrado Corazón de Jesús, diario pasaba, me persignaba y pedía por mí, por mi familia y porque me fuera bien en el partido. Esto es algo muy significativo para mí porque siempre he sido muy agradecido por lo que la vida me ha brindado.

Así empezó mi travesía en tercera división, después de un año hubo una liguilla de promoción donde pudimos subir a la segunda. Aquí nada más jugué medio año porque en esos primeros meses llegó un entrenador al cual le debo la fortuna y la dicha de haber llegado a jugar con el equipo de mis amores, ¡las Chivas Rayadas del Guadalajara!, don Horacio Troche, él me subió a primera división y me dio la oportunidad de debutar con las Chivas. Nosotros íbamos a practicar a veces con el primer equipo, y en esas ocasiones que nos enfrentamos, algo vio en mí, le gustó cómo jugaba, cosa que no me explico porque yo con la izquierda no le pegaba de la mejor manera, pero algo le llamó la atención que me mandó a llamar y firmé contrato con las Chivas, es cierto que en el Tapatío me pagaban bien, pero con Chivas me iría mucho mejor y estaba cumpliendo un sueño.

Aún me acuerdo de mi debut con Chivas, jugamos contra Atlante y ganamos 2-1, fue un domingo de 1973 en el Estadio Azteca, estaba contentísimo. Yo sólo conocía el Estadio Azteca por la televisión, nunca había entrado, entonces llegar, pisar la cancha y dejarme abrazar por la inmensidad del Estadio Azteca fue algo fabuloso, un sueño hecho realidad, y más por el resultado, ganamos 2-1, yo todavía jugando de lateral izquierdo.

En el futbol, y creo que en todos los deportes, existen las novatadas, me acuerdo cuando llegué al primer equipo de Chivas. Nos tocó, a mí y a los jugadores que veníamos de fuerzas básicas, la novatada por parte de los jugadores que ya tenían rato en el equipo.

Creo que se compadecieron de mí porque me tocó algo hasta cierto punto sencillo, un día llegaron con una rasuradora y me raparon a los lados de la cabeza, ¡me dejaron mohicana los canijos! Por suerte, no me cortaron al ras, fui con el peluquero para que me nivelara el peinado y afortunadamente no quedé pelón, que es lo que querían mis compañeros.

Pero fue algo muy leve en comparación con lo que llegaron a hacer los jugadores del primer equipo a los otros chavitos, cosas muy manchadas que no puedo escribir aquí por respeto a mis lectores, sobre todo a las damas. A veces agarraban entre cinco o seis personas a uno y…¡ya se imaginarán!

A mí me tocó leve, me trataron muy bien mis compañeros; en ese entonces "Coco" Rodríguez, que era de los más canijos en ese sentido, el "Willy Gómez", Poncho Reynoso, Pepe Martínez, Antonio Zamora, por decir algunos, te agarraban cinco o seis mientras otro, con la rasuradora, comenzaba a raparte.

Aquí ya me costó más trabajo consolidarme, el nivel era mayor y hubo muchos cambios en la directiva, se fue Troche y llegó Carlos Miloc, con quien tuve buena temporada, después cambiaron a Diego Mercado, con quien me acomodé mejor, él me cambió a defensa central y gracias a eso pude por fin consolidarme en el equipo.

Hubo en especial un partido contra Tecos, ya dirigía Diego Mercado, donde yo todavía no era titular, estaba en la banca, no recuerdo en qué minuto pero expulsaron al "Nene" López Zapiain, quien jugaba de defensa central, y ahí llegó mi momento, Mercado no llevaba otro defensa central, no se imaginó que le iban a expulsar a uno de ellos, así que me llamó y me dijo que iba a entrar de central. A pesar de que no había tenido ningún entrenamiento como central, estaba tranquilo, siento que es una posición fácil pues te puedes apoyar de los laterales. Entré a la cancha en lugar del "Nene" y yo creo que di un buen partido porque a partir de ahí, Diego Mercado me dejó de titular como defensa central durante toda la temporada.

En esos primeros años con Chivas, 74-75, me tocó compartir cancha con personalidades importantísimas para el club, como el "Coco" Rodríguez, Poncho Reynoso, García Rulfo, "El Coruña" Chavarría, López Zapiain, "Gonini" Vázquez Ayala, Manuel Manzo, Hugo Díaz, Pedro Herrada, Jaime Arana, Willy Gómez, Aurelio Martínez, entre tantos otros.

Eran jugadorazos, pero muy duros, en el buen sentido de la palabra, jugadores con muchísima tradición en el club, algunos ya hasta con 15 años jugando. Una anécdota que recuerdo es que yo, chamaco de 17 años, durante los entrenamientos, corría con toda mi fuerza alrededor del campo, y algunos de estos personajes ya de 34 años, me veían y me gritaban: "¿A dónde vas chamaquito?", tenía que bajar mis ansias, correr a su ritmo, a ellos les tenía mucho respeto, imponían mucho en el equipo siempre de una manera positiva.

Con los años lo entendí. Yo me fui consolidando cuando llegaban jugadores jóvenes como Alejandro Guerrero, el "Pelón" Gutiérrez, mi compadre Demetrio Madero, que llegó después que yo a las Chivas; ahora me tocaba irlos encaminando, así como me pasó a mí con aquellas leyendas.

3. ¡Tírale! ¡Tírale! ¡Yo aquí la paro!

Tuve una niñez maravillosa, mis primeros recuerdos nacen jugando futbol en la calle con mis amigos de la cuadra, como cualquier otro niño, poníamos ladrillos a manera de portería y pasábamos toda la tarde entre risas, carreras, amigos, ¡y goles!

Soy el menor de seis hermanos, cuatro hombres y dos mujeres, mi hermana la más cercana a mí me lleva seis años, de ahí ya se van de entre dos y tres años, entonces sí era una diferencia grande de edad. Ahorita, desgraciadamente, ya nada más quedamos tres, Héctor, Luz Elena y yo. Y aquí quiero mencionar que mi madre siempre fue alguien admirable, la respeto mucho porque aguantó y vivió muchas cosas que son durísimas, en especial la muerte de mis hermanos y mi papá; primero se fue mi hermano Jorge, joven, debido a un infarto al corazón, después falleció mi papá; luego los alcanzó mi hermana Yolanda debido a un problema de cáncer, después le tocó a mi hermano Fausto y a mi cuñada Lucía, con esto, lo que quiero decir, es que sus muertes no pasaron como cosa natural, no siguieron ese ciclo de vida normal en el que primero se van los papás y luego el hijo mayor, luego el que sigue y así sucesivamente, no, en mi familia pasaron muchas desgracias y mi mamá tuvo que despedir a tres de sus hijos y a su esposo, cosa que le pegó mucho. A pesar de todo, mi mamá siempre fue alguien muy fuerte, llegó hasta los 102 años de vida, a los 90 seguía con mucha lucidez y entereza, ya después padeció demencia senil, a veces le costaba trabajo reconocernos, pero gracias a Dios, nunca tuvo la necesidad de estar internada en un hospital, ella nunca dependió de nadie al 100%, nosotros la ayudábamos en lo que necesitara, obviamente, pero mi mamá hasta el día que partió fue una persona fuerte y muy amorosa.

Aquí debo mencionar algo que para mí es muy especial. Cuando murió mi querida hermana Yolanda, mi madre de pronto se quedó sola en su casa, todos estábamos preocupados porque ella era su compañía. Entonces mi hermana Luz Elena con su esposo Arturo en un gesto de humanidad muy hermoso decidieron de la noche a la mañana llevar a mi madre a vivir con ellos en su casa, es algo que jamás olvidaré en la vida y que les agradeceré por siempre de corazón: ¡Te quiero Lucero y gracias cuñado!

Siempre he tenido, gracias a Dios, una familia maravillosa, mis padres nos apoyaron mucho en todo, en especial mi madre, ella tenía una zapatería en la que trabajaban también mis hermanos mayores y eso nos mantuvo unidos y a flote económicamente cuando mi padre padeció con el trabajo, porque él siguió también el sueño de jugar profesionalmente futbol, jugó en la Selección Jalisco, en el mismo

Guadalajara y en Veracruz, sin embargo, no logró nunca consolidarse como él lo hubiera querido, y lo entiendo porque en ese tiempo ser jugador de futbol todavía no era considerado como un trabajo estable, muchos decían que se jugaba por puro amor a la camiseta, entonces los sueldos eran muy, muy bajos.

En ese tiempo vivíamos en una casa que estaba cerca del parque Morelos, por calzada Independencia, era una casa modesta que me trae muchos recuerdos hasta la fecha, a veces intento pasar adrede por ahí para ver su fachada y me vienen a la mente momentos, pláticas y anécdotas con mi familia que me hacen acordarme de mis raíces y vivir nuevamente mi infancia.

Después nos cambiamos de casa donde, justo enfrente, había un terreno baldío que estaba más o menos parejo y que nos servía como cancha multiusos, por ejemplo, lo acondicionábamos como cancha de béisbol con la ayuda de unos trapos que servían para marcar las bases, o clavábamos unos palos que hacían de portería. Apenas platiqué con unos amigos de esa ápoca, el doctor. Raúl Chapa y mi compadre Eduardo Cruz, y me recordaron una anécdota: antes había una especie de camellón en la parte donde estaban las banquetas, el gobierno puso también un pequeño jardín, apenas medio metro de pasto donde nos reuníamos a jugar. En esos días, me entró la loquera de ser portero como mi papá, entonces yo me alucinaba: "¡Tírale! ¡Tírale! ¡Yo aquí la paro!", les decía a mis amigos, ellos me chutaban y yo me aventaba con todo, me tiraba en la tierra, en el pasto, donde fuera con tal de atajar el balón. Fueron días muy bonitos en compañía de mis amigos, a veces salían todos los niños de la cuadra a echar la reta y se formaba un ambiente muy divertido.

Intenté también jugar básquetbol, es más, jugué primero básquetbol antes que futbol, incluso me seleccionaron para representar a Jalisco en los Juegos Nacionales, pero estaba muy chaparro, ¡no me veía futuro!

Algo que tengo muy grabado en la memoria es una época en la que peor la pasamos económicamente como familia, fueron años muy duros para mis papás porque yo todavía estaba cursando la primaria, y pagar colegiatura no era algo dentro de nuestras posibilidades.

En ese entonces el Colegio Cervantes Colomos era una escuela muy buena, reconocida, y tenían un plantel dedicado a gente que no podía pagar la colegiatura, era una especie de servicio social que, curiosamente, estaba cerca del Club Guadalajara, entonces mis papás tomaron la decisión de cambiarme. Era muy buena escuela, a final de cuentas, afiliada al Colegio Cervantes. Me acuerdo que en el recreo sacaban unas ollas grandísimas y repartían vasos de chocolate caliente para los niños, y una concha de pan, típicas de Jalisco. Esa época fue de mucho aprendizaje y reflexión, sabía que mis papás no tenían para pagarme una escuela privada, pero que hacían todo lo posible para que yo tuviera educación y fuera un hombre de bien.

Desde niños nos enseñaron a trabajar, mis tíos, hermanos de mi mamá, tenían una peletería en el centro de Guadalajara a siete o seis calles de la catedral, entonces de niño, a los cinco años ellos me dieron el trabajo de llevar y traer el correo desde la peletería hasta los apartados postales que estaban muy cerca de la catedral. A la peletería también iban mis dos primos, Francisco y Sergio, nos divertíamos mucho porque era una bodega grande con montones de pieles apiladas en grandes montículos, corríamos y brincábamos, nos escondíamos por toda la bodega. Pero un día no avisamos que íbamos a estar ahí, y nuestras mamás estuvieron por horas buscándonos, se angustiaron mucho, hasta que mis tíos al abrir la peletería para empezar con el servicio del día nos vieron a los tres escondidos en un rincón, ¡la regañiza que nos pusieron!

Aprovechando que ganaba mis pesitos en la peletería, recuerdo ir a comprarme unos lonches deliciosos, los famosos Lonches Amparito, a la fecha sigo yendo por ellos, ya hasta me conocen, pero eso empezó cuando yo tendría unos 7 años, juntaba mis monedas y me iba atrás del Teatro Degollado con la señora Amparito, que era la dueña, estaba muy chiquito ni siquiera alcanzaba el mostrador, pero ellos ya me conocían y me atendían como rey. Llevo 60 años visitando Lonches Amparito que son una cosa riquísima, la gente de Guadalajara lo sabe, ahora ya no voy tan seguido por lo complicado que puede resultar ir al centro y demás, pero procuro de vez en cuando darme una vuelta. Es un local famosísimo, todavía no abren y ya hay una fila de gente, unas 30, 40, 50 personas esperando para pasar.

Es más, ahí llevé a comer a varios jugadores de Chivas que no conocían lo que es un lonche, terminando de entrenar llevé a Víctor Rangel, Celestino Morales, Sergio Lugo. Tan ricos son que varios políticos, incluidos gobernadores, mandaban por su lonche o se iban a dar una vuelta con Amparito, que ya se nos adelantó, pero se volvió algo muy tradicional en Guadalajara.

En otra ocasión, en casa de mi abuelita, mis primos y yo nos escondimos en un refrigerador antiguo muy grande, estábamos jugando con otros primos y Francisco, Sergio y yo nos metimos apretujados en el refrigerador descompuesto, apenas y cabíamos. Todo era risas, andábamos payaseando cuando de repente ¡zaz!, nos fuimos con todo y refri para el piso, ¡nos dimos un santo trancazo!

En casa de mi abuela pasamos muchas cosas divertidas, bueno, ahorita me da risa, pero en su momento hubo cosas que me atemorizaron. Ella vivía en el centro de Guadalajara, en una casona colonial, y en una ocasión mis primos, unos amigos y yo nos subimos a jugar a la azotea, estábamos jugando con unos palos cuando de repente se nos fue un palo a la calle, con tan mala suerte que terminó interponiéndose en el camino de un carro negro muy elegante, el palo rebotó en la puerta y le causó una abolladura. ¡Ándale!, el coche era de nada más ni nada menos que Carlos Fernández, un vecino de mi abuelita que era jefe de la Policía Judicial, en ese entonces, ¡el servicio secreto! Nos mandaron a llamar, mis tías nos preguntaron qué había pasado y explicamos que había sido un accidente, no éramos malos niños. Afortunadamente, el señor Fernández era amigo de la familia y no pasó a mayores.

En otra ocasión había ido a pasar la tarde a casa de mi primo, nos llevábamos muy bien y frecuentemente nos veíamos en su casa o en la mía. Estábamos jugando cuando a lo lejos escuchamos una sirena, era algo normal, a dos calles estaba la Cruz Roja Mexicana, entonces junto a otros niños de la calle agarramos la maña de que cada que oíamos una sirena, ¡corríamos a la Cruz Roja a ver a los heridos! No sé por qué lo hacíamos, era algo horrible y además yo era..., más bien, soy muy coyón, pero a los seis años escuchaba a lo lejos la sirena y corría con mis primos a ver a los heridos, y nos tocaron ver cosas muy feas, atropellados, accidentados con cuchillos, quemados, golpeados, cosas que a veces hasta nos hacían voltearnos a otro lado, ¡pero ahí íbamos todos! Ahorita ni de loco vería eso, escucho la sirena y hasta me alejo. En ese momento era un chamaco inquieto.

Eso sí, nunca fui un gran estudiante, era un niño travieso. De mis mayores alegrías fue cuando en ocasiones llegaban jugadores de las Chivas a la escuela, recuerdo al "Tigre" Sepúlveda, para mí ver a una figura que admiraba y pedirle un autógrafo era padrísimo. En otras ocasiones, no muchas, nos íbamos de "pinta" varios amigos y yo a ver los entrenamientos de las Chivas, ahí nos veías, a siete u ocho chamaquitos de quinto de primaria tomando el autobús para ver a las Chivas entrenar, quizá también ahí empezó mi amor al equipo, desde mi infancia.

Gracias a Dios, y también a la ayuda de mis hermanos mayores que apoyaron mucho a mis papás, ya todos trabajaban, a mí nunca me faltó nada, no es que tuviera de sobra, pero aquel año que fue el más difícil económicamente no padecí de nada.

Recuerdo que mi hermana la mayor, Yolanda, cuando fue mi primera comunión me compró mi trajecito, ella trabajaba en un banco y le iba bien, de niño le pedía que me comprara camisetas de futbol o que me invitara un dulce, no faltaban esos detallitos conmigo que a la fecha le agradezco mucho, fue como una segunda mamá para mí, que en paz descanse.

Con mis hermanos también tuve cercanía, pero en menor escala, eran mucho más grandes que yo. El mayor, Fausto, trabajaba en un banco, luego venía Jorge, trabajaba en una cerillera, tenía un muy buen puesto, pero ¡ay, mi hermano!, tenía 29 años y le gustaba la buena vida, era fiestero, noviero, le gustaba invitar a sus amigos, tenía un buen carro, perfumes caros, vestir bien, en fin, era muy espléndido y a veces se excedía por eso mis papás le decían siempre: "Ahorra, hijo, cuida tu dinero". Él murió muy joven, de 38 años, dejó a su hija muy chiquita, Georgina, de apenas un año, una desgracia.

En la cerillera llevaba la representación de su compañía a varios hoteles, restaurantes y negocios grandes. Antes se acostumbraba que en lugar de tarjetas de presentación te daban unos cerillos donde venía impreso el nombre del negocio y el número de contacto. Mi hermano salía una vez al mes a Vallarta, Acapulco e Ixtapa para buscar hoteles, restaurantes, bares o negocios que contrataran el servicio de la cerillera. Total, le iba muy bien y se compró un Mustang, un carro muy valioso en ese tiempo, lógico, nunca dejó sus llaves a la mano, las dejaba adentro de su clóset, pero esos clósets eran de los viejitos y tenían una chapa que cerraba con llave, pero si eras habilidoso podías abrirla con un simple movimiento. Entonces, cada que mi hermano se iba, abría su clóset, me ponía de sus perfumes y, a veces, ¡sacaba las llaves del carro y me iba a galanear! Yo tenía 18 años y me sentía en las nubes, quería ser como mi hermano, así de galán y exitoso. Se me acabó la fiesta cuando un día él descubrió lo que hacía y empezó a checar el kilometraje del carro antes de irse, ¡se me acabaron las travesuras!

Con el otro de mis hermanos, también mayor, Héctor, siempre tuve una gran relación, me aconsejaba, me platicaba de sus cosas y juntos nos divertimos mucho. Hasta la fecha llevo una excelente relación con él, nos hablamos por teléfono casi diario y me invita a jugar tenis con otros amigos mínimo una vez a la semana, un tipazo.

Otra cosa que me vino ahorita a la memoria es que mi hermano Fausto, el más grande, trabajaba en el Banco

Refaccionario de Jalisco en el centro de Guadalajara, a él le gustaba mucho el béisbol, cuando él salía de trabajar a las 7 de la noche yo me salía de mi casa para esperarlo afuera de su trabajo, él salía en su moto y nos íbamos a ver a los Charros de Jalisco, lo disfrutábamos mucho.

La convivencia en casa siempre fue bonita y respetuosa, no recuerdo ni una sola vez en la que mis papás me hayan golpeado, sí hubo uno que otro regaño fuerte, sobre todo de mi mamá, pero eran por cosas de niño travieso, nada grave.

Bueno, sólo una vez sí me castigaron fuerte, ahí les va: vivíamos todavía por la calle Garibaldi, yo tenía nueve o diez años, me encontraba jugando futbol con mis amigos en la calle cuando se escuchó un chirrido de llantas muy fuerte como cuando frenas muy brusco, era un camión repartidor de Coca Cola que había frenado estrepitosamente apenas ¡a dos metros de mi cabeza! Lo que pasó fue que, yo, chamaquito, queriendo salvar un balón que había salido de nuestro improvisado campo de juego, me fui corriendo, ¡sin fijarme en la camioneta! Mi mamá que estaba saliendo justo de la casa vio toda la película ¡híjole!, fue por mí en ese momento, me agarró de la oreja y me dio un jalón tal, que yo creo que me quedó como Dumbo, me metió a la casa y ¡me amarró con un mecate del pie a la pata de mi cama! No me lastimó, el mecate estaba holgado y me permitía moverme con entera libertad por mi casa, era una casa pequeña, pero no podía salir de mi casa porque el mecate ya no daba más. Así me tuvo castigado mi madre unos dos o tres días. Y la entiendo, se espantó muchísimo, yo también estaba muy asustado cuando escuché el chirrido de las llantas y vi al camión a muy pocos metros de mi cabeza, por poquito y ¡casi no hay "Sheriff"!

Tengo pocos recuerdos de mi papá cuendo yo era muy niño, dicen mis hermanos que hubo una época en la que tuvo problemas con el alcohol, a mí no me tocó eso, yo era muy pequeño y no lo recuerdo, sí de repente lo vi algunas veces pasado de copas, pero no fue algo que me haya impactado, no era una persona agresiva, mucho menos conmigo, a lo mejor los que sí vivieron más esa etapa fueron mis hermanos más grandes y mi mamá. En general, nuestra convivencia siempre fue muy buena, nos íbamos, como ya lo comenté en otro capítulo, los fines de semana a comer con mi abuela, a veces mis primos venían a mi casa a jugar, en fin, fueron años que disfruté mucho.

Recuerdo que me gustaba mucho cantar, mi mamá me pedía que les cantara aquella bonita canción que dice:

“Ese toro enamorado de la luna
que abandona por la noche la maná’
es pintado de amapola y aceituna
y le puso campanero el mayoral...”

Ya no me acuerdo bien de toda la letra, pero sí me vienen a la memoria aquellas tardes con mi mamá. Hace tiempo, en mi cumpleaños, tuve una reunión a la que vino un amigo, Fernando Ibarra, que en paz descanse, en su momento fue cantante y pudo haber sido quizá de la talla de José José o Napoleón, pero por cuestiones de otra índole, tal vez de malas amistades, de tomar malas decisiones, ya no pudo consagrarse como cantante. Yo a Fernando lo quise mucho, sus últimos años la pasó muy mal, tenía cáncer terminal, pero siempre tuvo una actitud muy buena ante la vida, él y Benjamín Galindo, que ahora está luchando contra un derrame cerebral, son para mí un ejemplo a seguir.

Ese cumpleaños invité a Fernando a mi festejo, no esperé que llegara tan alegre como llegó, mucho menos que a media reunión se parara y comenzara a cantar, fue un momento muy emotivo y que valoro muchísimo. Animado por mis amigos me paré y comencé a cantar con él una canción hermosísima, ¡gracias Fernando!

No soy un cantante aficionado, de niño me gustaba más, ya con los años se me fue quitando un poco el gusto, pero aun así me divierto mucho, soy alegre, dicharachero, pésimo para bailar, un tronco, pero cuando mi esposa y yo salimos lo intento.

Regresando a mi infancia, cuando iba a entrar a la secundaria, a mi mamá le empezó a ir muy bien en la zapatería y pudo comprar una casa más grande, mejor cuidada y en un barrio mejor que en el que vivíamos, ahí conocí unos amigos que quiero muchísimo, como mi compadre y amigo de toda la vida, Roberto González, también a Ernesto Mateos, Jesús Mercado, Javier Cruz, Arturo Navarro, Juan Pablo Madero, Aurelio López, Rubén Aceves, Carlos Álvarez, Juan Pablo Romero, Rafael Alarcón, y tantos otros que no me vienen en este momento a la memoria, a ellos les pido perdón por el olvido. Amigos con los que viví muchas cosas en la infancia y la juventud, y que recuerdo siempre con mucho cariño.

No faltaban las retas de canicas, hacíamos un hoyito y lanzábamos las canicas a ver quién le atinaba o llegara más lejos, esa tradición ya se acabó, los niños ya no juegan eso, pero yo de niño recuerdo jugar *chiras pelas*. Se los voy a contar nomás porque estamos en confianza, de chiquito por lo de *chiras pelas* me decían el "Chiriguas", realmente no sé qué relación haya creo que era por chiquito, pero nunca he preguntado bien el porqué de ese apodo. De hecho, la gente que me conoce de años, a veces en mis redes me pone: "¡*Quíubo* "Chiriguas"!", y sé que son personas que me conocen de hace más de 40 años porque ya casi nadie me dice "Chiriguas", sólo las personas de ese tiempo que me comentan así en mis redes. Tengo un compadre en Monterrey que se llama Eduardo Alonso, y siempre me dice: "¡*Quíubo* "Chiriguas"!", pero me lo dice porque así me conoció, él está casado con una prima mía y lo conozco desde hace muchísimo. Y sepan, queridos lectores, esto no lo pensaba decir, pero es parte de mi niñez cuando jugaba a las canicas.

Y ahorita que escribo estas líneas, me acordé de otro juego de la infancia, el "chinchilegua", una cosa muy difícil, muy dura, porque el juego trataba de hacer una fila de ocho o cinco niños, como "burro castigado", entonces llegaban otros ocho a brincar y caer encima de los que estaban en la fila, caían, literalmente, en la espalda, el chiste era ver quién podía saltar más lejos y claro, ¡quién aguantaba más! Fueron momentos padrísimos con los amigos de la niñez.

Cerca de esta casa a la que nos cambiamos, estaba otro colegio, el Cervantes Costa Rica, que ya era de paga y tenía las mejores instalaciones, los maestros, y de todo; mi mamá y mis hermanos juntaron para pagarme la colegiatura e inscribirme a esa escuela, ahí estuve dos años, primero y segundo de secundaria. De lo que más disfrutaba era jugar futbol en una cancha muy bonita que tenían. Ahí ya no me quedé en tercero de secundaria porque en Guadalajara, en esa época, para entrar a una preparatoria de gobierno, tenía uno que venir de una secundaria de gobierno.

Esos dos años en el Cervantes Costa Rica me la pasé muy bien, hice una que otra vagancia, una de ellas con mi compadre Roberto González, se las voy a platicar nada más para que los más jóvenes lectores de este libro ¡no lo hagan! Iba en segundo de secundaria, y saliendo de la escuela, casi siempre nos quedábamos jugando en las canchas, ya sea basquetbol o futbol, era un terreno muy grande donde había, fácil, unas diez canchas, muy cerca de ahí estaban las oficinas del colegio. Ese día estábamos próximos a los exámenes semestrales y vimos que los maestros llegaban con cajas llenas de papeles, ¡ándale, los exámenes!, mi compadre Roberto y yo, de vaguitos, nos metimos a las oficinas ¡para llevarnos una caja que pensamos que tenía nuestros exámenes! Cuando las abrimos vimos con desilusión que no, que eran los exámenes, pero de otro grado, ¡ni modo a estudiarle!

Otra cosa que recuerdo de la escuela es una anécdota con un compañero, Roberto Osorio, su papá era secretario de Educación Pública, ya se imaginarán el nivel que tenía, entonces Roberto y yo, en una pelea de niños, nos empezamos a hacer de palabras no sé por qué, pero las cosas empezaron a subir de tono y de pronto Roberto agarró un lápiz y ¡zaz! ¡Me lo clavó en la mano!, todavía tengo la cicatriz de la punta del lápiz que se me quedó enterrada. Fuimos a la dirección a poner cartas en el asunto pero, como Robertito era hijo del secretario de Educación, ¡no hicieron nada!, ni modo, era como reclamarle al árbitro, no podías ganarle.

Toda mi vida me ha gustado el deporte, quizá porque desde chico veía jugar futbol a mis hermanos, Héctor y Fausto, y tenis a mi hermano Jorge que fue el primero que falleció, así que siempre tuve en la sangre el deporte. Obvio me encantaba el futbol, pero el primer deporte que practiqué fue el básquetbol en la escuela Manuel M. Diéguez Urbana 96, en la calle González Ortega, donde había una cancha muy bonita. Para mi edad y altura creo que lo hacía bien, en general siempre se me facilitaron los deportes.

Me acuerdo que con mi compadre, Roberto González, íbamos a jugar al club IMETSA, no éramos socios, en teoría no podíamos entrar, pero en la tardecita antes de que anocheciera cuando ya no había gente por ahí, llegábamos al club y como sabíamos dónde había una malla que tenía un hoyo, nos colábamos para jugar, ya sea básquetbol o frontenis, ya cuando llegaban los guardias de seguridad del club salíamos hechos la mecha por donde habíamos entrado.

Así lo hicimos varias veces, al principio no se dieron cuenta porque las oficinas estaban del otro lado, pero cuando nos descubrieron taparon el hoyo de la malla y se nos acabó nuestro chistecito. Esas tardes me sirvieron mucho para practicar básquetbol, tanto así que me llevaron a la Selección Jalisco a jugar los nacionales, tendría unos 12 o 13 años.

En fin, son muchas las cosas que recuerdo de aquellos años de infancia, muchas risas, momentos con mis hermanos, con mis padres, con amigos, cosas que me fueron formando y que me hicieron ser la persona que soy ahora. Agradezco infinitamente esas tardes de añoranza y felicidad que viví de niño.

4. ¡Chivas campeón!

Aquí viene un capítulo que me emociona mucho escribir porque significa uno de los momentos más emotivos, maravillosos y felices de mi vida.

Después de aquel maravilloso Mundial México 86, del que ya hablé en otro capítulo, renové un año más con las Chivas, la temporada 1986-1987, ahí sucedió la maravilla, ¡fuimos campeones!

Aquel campeonato fue algo increíble, el equipo estaba en su mejor momento, tanto el entrenador, los jugadores y el cuerpo técnico, es decir, las 26 personas que conformábamos el equipo. Alberto Guerra, el entrenador, nos guio de una manera espectacular, tanto en el ámbito futbolístico como en el anímico, había una gran unión de grupo con una excelente preparación de Fernando Alarcón, que en paz descanse, yo venía de estar con el profesor Ariel González, de la Selección Nacional, con una excelente condición física a pesar de que pasamos un lapso sin jugar porque cuando acabó el Mundial para México, yo seguí entrenando y preparándome, me sentía muy fuerte, tenía 30 años y estaba en mi mejor momento.

Fue una liguilla de muchos éxitos, ganábamos partidos 3-0, 2-0, fuimos líderes frente a equipos grandes como el América, Atlas, Cruz Azul, Tigres… Veníamos muy motivados. Ya habíamos pasado tres liguillas en las que llegábamos a la final y terminábamos perdiendo, finales muy dolorosas pero que nos hicieron crecer, entonces aplicamos la de: "¡La tercera es la vencida!"

Les voy a contar cómo fueron aquellas liguillas, la primera tocó contra Puebla, íbamos ya diezmados porque en la semifinal nos tocó jugar contra el América, dirigido por Reinoso, salimos a darlo todo, pero en el partido de ida nos ganaron 2-1. En el partido de vuelta teníamos el peso por darle la vuelta al marcador, el estadio estaba repleto, había un ambiente muy padre, y ¡ándale!, que ganamos 3-1. El América ya se sentía campeón, hubo bronca y a varios de mis compañeros los castigaron, como a siete del cuadro titular, no los dejaron jugar la final contra Puebla, por eso siento que fuimos diezmados y perdimos el partido, porque estoy convencido de que, si no hubiéramos caído en la bronca contra el América, hubiera sido otro campeonato para las Chivas. En esa ocasión nos fuimos a penales y ahí nos tocó perder, fue muy triste.

Después vino otra final que a todos los rojiblancos nos duele mucho, fue la final del siglo, contra el América, que nos ganaron; lo platicaba apenas con el "Ruso" Brailovsky: "¿Te acuerdas cómo te burlabas de mí?", porque sí era muy molestón con el tema, y lo entiendo, así es el futbol, hay que aguantar carrilla. Además, en esa liguilla en específico, la del

81-82, el América tenía un equipazo, ¡habían hecho 61 puntos en el torneo!, tenían el récord de más goles anotados y menos recibidos, tenían a la mejor defensa, en fin, eran muy buenos y nos ganaron.

En esa fatídica final íbamos perdiendo 1-0 cuando vino un penal a favor de nosotros, lo tiró Cisneros ¡y la falló!, llegó después otro gol del América, nos marcaron nuevamente un penal a favor, me tocó tirarlo a mí, afortunadamente lo metí, el marcador iba 2-1. Al América les expulsaron a un jugador pero estaban jugando muy bien y a pesar de todo el esfuerzo que pusimos para empatar el marcador, casi al final del partido, Javier Aguirre hizo una muy buena jugada que le dio el 3-1 al América, coronándolo campeón ¡chin...!

Así que, al año siguiente, aquella victoria contra el Cruz Azul nos dio vida, ¡ya nos tocaba! Porque, como lo dijo don Nacho Trelles cuando fue mi entrenador: "En las duras y no en las maduras se ve de qué estamos hechos", y en las Chivas tuvimos temporadas muy difíciles, recuerdo las primeras temporadas que jugué con ellos, íbamos en muy mala posición en los 70s, ya después con la llegada de Guerra el equipo mejoró notablemente, pero antes de eso pasamos por momentos difíciles, muy tristes, como fueron las derrotas en las tres liguillas anteriores. A veces la gente piensa que uno como futbolista es Superman, que uno no siente, que no se sufre, y eso no es cierto, hay momentos en los que pasas por situaciones complicadas, enfermedades, crisis que te afectan no sólo en lo físico sino en lo emocional, incluso cuando dejas de jugar; somos humanos. Yo pasé por una época en la que me dio depresión, pero gracias a mis amigos, a mi familia, y a la ayuda de un profesional, salí adelante, es un padecimiento que no le deseo ni a mi peor enemigo.

Regresando a ese campeonato, fue emocionante porque en la ida íbamos perdiendo 2-1 en el estadio de la Máquina, pero luego en Guadalajara remontamos, y con un gol mío ganamos 3-1. Ese gol me trae grandes recuerdos porque también fue de los goles dedicados a mi padre, fue muy curioso que hayan sido tan iguales, casi una copia del que metí contra Bélgica en el Mundial, este tanto significó mucho para mí. Amigos y periodistas me han preguntado cuál gol disfruté más, si el de Bélgica o el de Cruz Azul, y no sé bien qué contestar porque los dos son importantísimos, ya si me siguen insistiendo en que escoja uno, por supuesto voy a decir qué el de Bélgica, ese gol se dio en un Mundial, un evento que todo el mundo estaba viendo, a la fecha sostengo que el Mundial es la máxima expresión futbolística a la que puede llegar un jugador, ni la Champions ni la Eurocopa, no, el Mundial es lo máximo a lo que puedes aspirar como representante de tu país. Entonces, tener la oportunidad de meter no uno, sino dos goles ¡y como defensa! en esta máxima competición fue fantástico.

Pasando al gol del Cruz Azul, también fue muy importante porque con ese tanto empatamos el marcador global. No importaba la posición de la tabla ni nada, el partido se iba a definir por goles, el estadio estalló, tengo fotos donde estoy celebrando, dirigiendo mis manos al cielo, dedicando mi gol allá arriba, ya saben a quién, a mi padre.

Después llegó Yayo de la Torre a anotar los otros 2 goles que nos dieron el triunfo, coronándonos campeones de la liga.

Una vez un periodista me preguntó qué había sentido con el gol, tanto de Bélgica, como el de Cruz Azul, lo miré y le pregunté: "¿Eres papá?", "no", me respondió, "bueno, pues desgraciadamente no me vas a entender, porque voy a poner un ejemplo de lo que sentí al anotar esos goles (guardando sus proporciones, claro), es como cuando nace tu primer hijo, cuando lo cargas por primera vez". Y es que yo tuve el honor de entrar a los partos de mi esposa. Cuando el doctor te concede durante unos breves minutos el honor de dejarte cargar a tu hijo recién llegado al mundo, es una alegría inmensa, parecida a la que sentí cuando anoté esos goles. Insisto, guardando las proporciones, porque ser padre y ver a tu hijo nacer es algo más allá, algo que transforma tu vida, pero de eso ya les contaré en otro capítulo.

En fin, ese campeonato fue un éxtasis en toda la extensión de la palabra, agradecí a Dios por ponerme nuevamente en el lugar indicado, yo tenía mucho temor de retirarme del futbol y no haber sentido nunca esa emoción de ser campeón; la idea de retirarme ya estaba rondando en mi cabeza y lo hice dos o tres años después. Ha pasado con varios jugadores de diferentes equipos que aun teniendo una carrera enorme nunca fueron campeones con el equipo de sus amores, cosa que posiblemente es muy triste. Entonces, aquel campeonato significó muchas cosas para mí, entendí que el no haberme ido a jugar a Francia tenía un porqué, y era ser campeón con el equipo de mis sueños, las Chivas.

Ese campeonato fue inolvidable, la gente estalló de júbilo, incluso se metió a la cancha, brincaron el alambrado de púas para abrazar a los jugadores, hasta el partido se tuvo que acabar dos minutos antes por la euforia de la gente.

Yo, como capitán, recibí el trofeo, nos juntamos los jugadores y empezamos a dar la vuelta olímpica, los aficionados iban corriendo con nosotros en el campo de juego. Bajamos al vestidor y nos encontramos con el señor Gobernador del Estado de Jalisco, Enrique Álvarez del Castillo, también con el presidente Marcelino Paniagua, Alfonso Cuevas, todos los directivos de Chivas fueron a celebrar al vestidor.

Recuerdo que ya ni nos bañamos, agarramos nuestras cosas y recibimos las órdenes de ir a celebrar con la afición, a fin de cuentas eran las personas que nos habían apoyado toda la temporada. Ya nos íbamos a las oficinas del Club Guadalajara y a alguien se le ocurrió, quizá a algún directivo, que en lugar de irnos en un camión común nos fuéramos en un camión de bomberos, de esos que van abiertos, parecidos a lo que eran antes los tranvías, así nos fuimos disfrutando. Avanzamos por López Mateos y Colomos, al llegar al club Guadalajara ya era una locura, ni siquiera podíamos entrar porque toda la calle estaba repleta de gente, tardamos casi media hora en pasar por esa marea. Por fin pudimos entrar al club y lo primero que se veía era una alberca grandísima ¡llena de gente!, hasta ahí había llegado la afición, algunos jugadores nos aventamos con ellos, hacía mucho calor y fue un momento de euforia que se disfrutó al máximo, mucha gente se quedó toda la tarde hasta altas horas de la noche celebrando el triunfo.

Nosotros pasamos 3 o 4 horas conviviendo con la gente, ya después nos fuimos con nuestras familias, pero acordamos festejarlo como equipo en la noche, entonces nos vimos en un restaurant y tuvieron la cortesía de que cerraran sólo para festejarnos. Fue una noche padrísima, brindamos en equipo, celebramos y platicamos sobre las incidencias del partido, del torneo, del campeonato, en fin, fueron pláticas muy amenas con el equipo.

Éramos un equipo muy unido, siempre lo fuimos, los jueves nos reuníamos varios compañeros en un restaurante a disfrutar tranquilos tomando una cerveza o un tequilita, platicábamos de los partidos recientes, nos contábamos si estábamos estresados, si de pronto había una pelea con el entrenador o con algún otro compañero, en fin, esos años que estuvimos a cargo de Alberto Guerra fueron muy buenos, éramos un equipo muy unido, compacto, con grandes jugadores como Benjamín Galindo, el "Pituco" López, Yayo de la Torre, Néstor de la Torre, "Zully" Ledezma, Celestino Morales, "Chupón" Rodríguez, por mencionar sólo algunos. A fin de año organizábamos una que otra posada, puros jugadores, eso sí con consentimiento del cuerpo técnico, pero también sabiendo que teníamos una responsabilidad porque a los cuatro o cinco días había partido, entonces no podías hacer tonterías porque era peligroso, estaba de por medio tu equipo y tu trayectoria. En ese tiempo no había redes sociales, entonces éramos muy discretos con nuestra vida privada, como dicen por ahí: "Que tu mano derecha no sepa lo que hace tu mano izquierda".

Alberto Guerra influyó muchísimo en el campeonato, fue un muy buen técnico, tenía experiencia, él jugó en Monterrey, en Chivas, y le había ido muy bien como entrenador en el Potosino, equipo previo a su incorporación al Guadalajara. De hecho, hace poco estuvimos en un programa Madero y yo, y platicamos de eso, Alberto Guerra era muy duro, te hablaba fuerte, a veces te regañaba, era un poco enojón, pero era bueno en su trabajo. Tenía una buena retórica a la hora de platicar con nosotros, sabía cómo levantarnos el ánimo, las indicaciones en medio tiempo eran concretas, claras, y creo que eso nos sirvió mucho para ser un buen equipo. También reconozco el trabajo de Demetrio Madero, Sergio Lugo, el "Pelón Gutiérrez" y "Zully" Ledezma. Nos coordinamos muy bien, nos conocíamos perfectamente, casi como el Campeonísimo en su momento, con una mirada sabíamos lo que el otro compañero necesitaba, por ejemplo, y espero no me crucifiquen por esto, si necesitábamos meter presión a algún jugador y no podíamos arriesgarnos a una expulsión porque ya estábamos amonestados, le hacíamos la señal a un compañero para que nos echara la mano, ¡así es de repente el futbol!

Gracias a esa formación conseguí logros muy importantes, como son los tres años consecutivos en los que me otorgaron el Citlalli a mejor defensa central, cosa que me llena de orgullo y de la que les platicaré más adelante, debo agregar que más adelante gané otro trofeo como el mejor entrenador de la temporada, cuando fui campeón con Santos.

Ese campeonato fue muy bueno para todos, y a la fecha tengo un recorte del periódico del día que fuimos campeones con Chivas, mi amigo, Carlos Álvarez, dueño del periódico *El Informador* de Guadalajara, me regaló enmarcado aquel titular de la sección de deportes que decía: "Bienvenido Campeón, 17 años de espera".

Debo confesar que tengo un "cuarto del ego", así lo bautizamos, un cuarto que antes servía de bar y que acondicionamos para guardar todo tipo de recuerdos, ahí hay trofeos, medallas, playeras, fotos, en fin, todo lo que me recuerda al "Sheriff". Ese cuarto no siempre fue así, cuando mi familia y yo recién nos mudamos a nuestra casa, ese cuarto apenas y recibía atención, mi esposa había guardado todos mis triques en una maleta y ni quién los pelara hasta que un día, todos mis hijos y mi esposa se pusieron de acuerdo una vez que yo había salido de viaje por mi trabajo como analista deportivo, cosa que ya detallaré más adelante, me iba de domingo a miércoles a grabar con Fox Sports. Ellos aprovecharon uno de esos viajes para arreglarme el cuartito, fue una sorpresa que planearon, yo ni enterado, les hablé por teléfono y me dijeron: "Te tenemos una sorpresa", yo me imaginaba a lo mejor un carro, unos nuevos palos de golf, una raqueta de tenis, no sé, algo así. Total que llegué a mi casa, y como niño chiquito, me vendaron los ojos, me metieron al cuarto y cuál va a ser mi sorpresa que me encontré con mis mayores logros, camisetas de la Selección, de las Chivas, varios trofeos, los Citlallis que me dieron como mejor defensa central, balones de futbol que había guardado del Mundial, medallas que nos dieron en competencias internacionales, en fin, cosas que narran una historia de lo que fue mi vida como futbolista.

Justo en ese cuarto pasó algo muy padre. El "Loco" Valdés y Sergio Corona son dos de los comediantes más famosos y exitosos que ha tenido México, eran amigos entrañables que tenían una rivalidad Chivas-América que sobrepasó pantallas, me acuerdo de sus famosas apuestas en los clásicos nacionales, la de subirse a cantar a los camiones en falda y con la playera del América o las Chivas era muy buena, estaban bien locos los dos. Resulta que hace ya muchos años, se presentaban el "Loco" Valdés y Sergio Corona, en una obra de teatro en Guadalajara. Yo ya tenía buena amistad con Sergio Corona no me acuerdo dónde lo conocí, pero una vez fuimos a jugar golf, platicamos muy padre y a partir de ahí llevamos buena amistad, por eso aquel día fui a ver la obra, creo que era un sábado, acabando pasé a su camerino a saludarlo. Me topé con la sorpresa de que también estaba el "Loco" Valdés, a quien no tenía el gusto de conocer, en cuanto entré Sergio le dijo al "Loco": "Mira a quién te traje hijo de la mañana, ya llegaron para defenderme", el "Loco" se atacó de risa, me saludó con gusto, muy alegre, muy carismático, fiel a sus locuras. Platicamos un rato y se me ocurrió preguntarles si tenían un compromiso, si no los invitaba a cenar a mi casa y hasta a echarnos un tequilita, ambos se voltearon a ver y aceptaron. Nos subimos a mi carro, iba también mi esposa. Nos venimos para la casa, le hablé a la persona que nos ayudaba en casa y le pedí que comprara unos tacos o algo para comer. Llegamos a la casa y nos pasamos directo al que ahora es mi cuarto del ego, pero que en ese entonces era una especie de bar, tenía una cantinita y una pequeña sala. Fue una noche divertidísima, escuché muchas anécdotas de ambos comediantes, platicamos sobre sus apuestas y todo lo que habían hecho con tal de defender los colores de su equipo favorito. Ahorita lo pienso y me da coraje que no tengo ni una foto de aquel día, porque hubiera sido fenomenal tener un recuerdo impreso. Me imagino que si hubiera pasado esa anécdota en el presente, el "Loco" se hubiera enamorado de varias camisetas.

Como dije, el futbol me ha dado mucho y un logro significativo lo conseguí durante mi etapa como jugador de las Chivas, donde me tocó recibir cuatro Citlallis, estos trofeos los entregaban a lo más destacado del futbol en México, ahora me parece que le llaman Balón de oro. Eran reconocimientos al mejor delantero, portero, mejor lateral derecho, etcétera, todos promovidos por la Federación Mexicana de Futbol. Yo, Gracias a Dios, a mi desempeño y al trabajo de mi equipo, recibí cuatro Citlallis. Durante mi etapa con Chivas tuvimos un gran grupo, un buen equipo desde el inicio y después llegaron refuerzos de otros lados a apuntalarlo con jugadores muy capaces como Benjamín Galindo, "Wendy"

Mendizábal, etcétera. Recuerdo en especial a mis compañeros y grandes amigos de entonces (uno ya se nos adelantó) que construimos un equipazo con Chivas y con los que compartí años inolvidables de carrera futbolística. Nuestra defensa era muy fuerte, así estaba formada: "Zully" Ledesma como portero, Sergio Lugo como lateral derecho, Demetrio Madero como central por derecha, Fernando Quirarte como central por izquierda y el "Pelón" Gutiérrez como lateral izquierdo.

Este equipo defensivo se posicionó como uno de los más poderosos del futbol mexicano, y lo digo porque durante cuatro años me tocó la fortuna de pertenecer a esta escuadra nombrada como la "menos goleada" del torneo. A mí me tocó recibir los Citlallis como reconocimiento a lo mejor del futbol en México durante 3 años. Me dio un gusto enorme el tener estos premios porque, imagínense, si de por sí es difícil sacarte uno, ¡ahora 3!, un verdadero sueño. Fue posible gracias al esfuerzo de todos mis compañeros, de mi preparador físico, el profesor Fernando Alarcón, que en paz descanse, también Alberto Guerra por su estrategia y al esfuerzo de todos mis compañeros, Yayo de la torre, "Chepo" de la Torre, Néstor de la Torre, Alejandro Guerrero, "Pituco" López, Benjamín Galindo, "Chupón" Rodríguez, en fin, a todos esos jugadores los recuerdo con mucho cariño, algunos ya se nos adelantaron en el camino, otros siguen batallando aquí.

Fue en esa época maravillosa en Chivas cuando surgió el apodo que hoy cargo con orgullo, el "Sheriff" Quirarte ¡ándale!, ese no fue el único apodo que me pusieron, Ángel Fernández me decía el "Káiser", por Beckenbauer, porque decía que le gustaba mucho mi forma de controlar la pelota, ese apodo me gustaba, en las transmisiones en las que él era comentarista me nombraba el "Káiser" Quirarte. Luego llegó "El perro" Bermúdez y empezó con el "Sheriff", y quizá le gustó más a la gente. Recuerdo que un día me encontré al "Perro" y le pregunté el porqué de decirme "Sheriff", y me contestó: "A ver, Fernando, acuérdate lo que es un sheriff, es la persona de máxima autoridad en un condado, es la que pone el orden, ¡entonces tú eres el sheriff del área defensiva!", me dio risa y le empecé a agarrar cariño al apodo. A la fecha, mis nietos, cuando vienen a comer a mi casa, me saludan: "¡Hola sheriff!", es algo muy bonito, incluso amigos míos de hace añísimos, ven a mis nietos y les dicen los "sheriffcitos".

Es padre porque la gente todavía me reconoce como el "Sheriff", hace poco tiempo, en un clásico nacional tuve la fortuna de que el Guadalajara me invitara a una firma de autógrafos previo al partido, junto a Camilo Romero y a "Ramoncito" Morales, y debo decirlo, había gente del América, poca pero había, pidiéndome que le firmara la camiseta, fue muy chistoso porque aficionados de las Chivas les chiflaban, nosotros también entramos en el juego y les hacíamos burla, no en mala onda, era el rival a vencer, y ¡en Guadalajara! Incluso el periódico sacó una foto donde estoy firmándole a un aficionado del América, entonces fue algo muy divertido y emotivo, porque a la fecha la gente me reconoce en el estadio y me grita: "¡Sheriff!", no Quirarte. Se me hace muy bonito que todavía se acuerden de eso.

Los trofeos que tengo en mi "cuarto del ego" los guardo con mucho cariño, se encuentra ahí el que recibí hace seis meses en el Salón de la Fama, la comunidad futbolística tanto nacional como internacional lo otorga cada año a través de una votación. Creo que es un evento que no se hace en otro lugar del mundo, por lo mismo es un gran honor, es una gala muy bien organizada, televisada, vienen personalidades internacionales en una comida enorme, a lo mejor unas 2,000 personas. El evento es promovido por el Grupo Pachuca y su presidente Jesús Martínez, por cierto, gran amigo mío a quien le agradezco mucho sus atenciones. Recibir este reconocimiento ha sido de los momentos más sublimes que he tenido en mi carrera, que te consideren una "leyenda viva" es algo indescriptible. Es muy significado porque generalmente estos homenajes se dan cuando ya no te encuentras en este mundo.

La cita fue en el Club Pachuca, me llevé a mi familia, a mis nietos, nos atendieron muy bien, fue algo muy bonito, como cuando Emilio Azcárraga hijo recibió el reconocimiento en nombre de su papá. También fue muy emotivo estar con gente de la talla de Totti, Rafa Márquez, Cuauhtémoc Blanco, "Chololo" Díaz, Pujol, o bien, Jenni Hermoso, jugadora de Pachuca y campeona del mundo con España, Ancelotti y Xavi, que no pudieron venir, en fin, a mucha gente importantísima del futbol internacional.

Me pidieron un pequeño discurso de dos minutos, ¡ándale!, en dos minutos, ¿qué voy a decir? ¡¿Cómo puedo resumir mi carrera en el futbol en dos minutos?! Esto me lo pidieron seis meses antes de la entrega, y como mi memoria no es buena, pensé en leerlo, ponerlo en el podio y apoyarme en eso, así le hace mucha gente. Pero no quería eso, así que lo escribí y practiqué semanas antes, quería demostrarme que sí podía hacerlo sin leer, y dicho y hecho, durante unos quince días lo leí muchísimas veces hasta que sentí que ya lo tenía listo.

De todas formas, lo llevé escrito, en letras grandes para no tener que usar lentes, ¡la vanidad! Me entregó el trofeo Justino Compeán, ex presidente de la Federación Mexicana de Futbol, y mientras daba mi discurso, vi en una pantalla a mis nietos que estaban abrazando a mi esposa, en esos primeros momentos hablaba de mi padre y lo que significaba el futbol para mí, se me salieron las lágrimas, le sucedió lo mismo a Rafita Márquez, a Lavolpe, Cuauhtémoc, Emilio Azcárraga, compañeros y amigos de liga que se conmovieron con sus discursos.

Por las palabras que dije agradeciendo a Dios y a mi familia me tuve que tomar unos diez o quince segundos para continuar, pues me quebré por completo, también agradecí a los directivos, a compañeros, y a la prensa, porque ellos votaron para que yo fuera parte del Salón de la Fama.

Tuve la fortuna de que me acompañaran varios amigos del Guadalajara, como Arturo Navarro, Maty Leaño, Luis Ruvalcaba, Karen Ruvalcaba, Lety y Roberto González, mi hermano Héctor, entre otras personas muy queridas.

Cerré el discurso con esta frase que nunca me cansaré de decir: "Gracias, bendito futbol". Porque, en efecto, todo lo que el futbol me ha dado es maravilloso, a pesar de las cosas también muy tristes los momentos de felicidad han sido mayores.

Hace años, cuando empecé, nunca me imaginé llegar a esto, quizá lo soñaba, pero lo veía muy lejano, y ahora, a mis 68 años, tuve la fortuna de cumplir con este sueño.

Nos regresamos al día siguiente de Pachuca, que, por cierto, me costó un trabajo enorme envolver el trofeo para transportarlo, es un trofeo muy grande y pesado, tuve que ponerle hielo seco y envolverlo en plástico muy bien para que lo llevaran en la parte de abajo del avión, ¡no me dejaron subirlo a cabina!

Mis amigos aquí en Guadalajara se pusieron muy contentos con el reconocimiento: "Cabrón, felicidades, pero tu vieja es la ganona aquí", "¿por qué, cabrón?" "¡Porque ya eres inmortal!" Y en efecto, hay gente que ya se nos adelantó en la vida pero existe en el Salón de la Fama, como el "Tigre" Sepúlveda o Zague padre, que el día del evento su hijo fue a recoger el premio.

Por todo eso me alegró mucho subir al podio a recibir mi premio.

¡Bendito futbol!, no me cansaré de decirlo, porque este maravilloso deporte me llevó a conocer cosas que de niño nunca hubiera imaginado, gracias al futbol fui a muchas partes del mundo, me gustaría marcar en un mapa todos los países que conocí en esos años como futbolista. Ahora este amor a viajar lo predico con mi familia, gracias a Dios hemos podido viajar a distintos países, tratamos al menos una vez al año viajar en familia con mis hijos y mi esposa, y no necesariamente a Europa o Estados Unidos, sino que hemos viajado también mucho dentro de México, donde tenemos lugares maravillosos. Siempre agradezco a Dios por permitirme compartir estos momentos con las personas que más amo: mi familia, por darme casa, comida y por no abandonarme en mis momentos más difíciles, hoy agradezco lo bendecido que soy y lo mucho que me falta por vivir.

El 17 de mayo fue mi cumpleaños y organicé una reunión aquí en mi casa, invité a varios amigos, tanto míos como de mis hermanos mayores. Vinieron personas que en la familia las queremos mucho, como el doctor Rafael Ortega, Benjamín Galindo, Willy Gómez, el doctor Luis Ruvalcaba y mucha gente que conocimos en el camino del futbol, resultó en una convivencia muy padre.

En fin, para mí las Chivas han sido tantas cosas, fue un Club que me dio mucho, fue mi segunda casa, fue la institución que me enseñó a formarme no sólo como jugador, sino como ser humano, como hombre de bien, el haber jugado en Chivas me dio la oportunidad de que la gente me conociera, que me gritara, tanto cosas buenas como cosas malas, Chivas me dio un ejemplo de honestidad y de trabajo.

Estando el otro día con un gran amigo, me recordó una historia que a la fecha me conmueve muchísimo, sobre una señora, la señora Vallejo, que venía de Ciudad México y traía a muchos niños, fácil unos 50, a hacer porra para apoyar a las Chivas, eran muchos niños no sé cómo le hacía, yo creo que le iba muy bien porque imagínense pagar el hospedaje de todos sólo por venir a ver a las Chivas, era un gasto enorme. O tal vez se venían nada más a ver el partido y saliendo se regresaban a México, no lo sé. La cosa es que siempre estaba en el Estadio Jalisco, atrás de la portería, no sé si norte o sur ya no me acuerdo, pero siempre estaba ahí con la porra familiar que había aquí en Chivas en aquel entonces. Eran otros tiempos, todavía no se usaban las luces de bengala ni nada, pero eran otro tipo de porras muy emotivas, muy bonitas, con tambores, con violines, con cornetas, algo muy familiar.

Era algo emotivo para todos nosotros, nos emocionaba porque sabíamos que venían exclusivamente desde la Ciudad de México a ver el partido, me imagino que la directiva los apoyaba con los boletos cada vez que venían porque si no, me imagino el gasto enorme, además de la responsabilidad de cuidar a tanto chamaco, imagínense, venir en camión, llegar a las 9 o 10 de la mañana, ver el partido a las 12 del mediodía y regresarte a México en la noche, era algo bien complicado y a pesar de eso la señora Vallejo ahí estaba puntual en el estadio Jalisco.

Era una señora muy aficionada a las Chivas, iba a la gran mayoría de los partidos en Ciudad de México, y en Guadalajara no faltaba, entonces le tomamos mucho cariño, mucho aprecio, más yo porque un día se presentó en el hotel donde nos concentrábamos y me llevó una carta que me gustó mucho, muy emotiva, hablando de mí, del futbol, de lo que para ella era Chivas, algo padrísimo. El que una aficionada se haya tomado la molestia de escribirme esa carta tan bonita significó mucho para mí. Además, tenía una letra muy peculiar, muy derecha, muy bonita, si supieran cuánto me emociona leerla y recordar esos años, me entenderían, así como el cariño con el que guardo esa carta en mi baúl de los recuerdos.

Otra anécdota muy bonita, y que tiene que ver con el cariño que le tengo a mis años con Chivas, fue cuando estaba de vacaciones y llevé a mis hijos a Disneyland, en Estados Unidos. No recuerdo exactamente qué partido jugaban las Chivas en ese momento, pero era un juego muy importante, así que llegando al hotel llamé a recepción para que me ayudaran a poner el canal donde iban a transmitir el partido, creo que era necesario pagar un extra o configurar la televisión, algo así, entonces subió una persona para revisar, pues resulta que era mexicano y me reconoció, se puso muy contento, hasta me instaló algo para que salieran los canales internacionales en la televisión: "Se lo voy a instalar, pero no les diga en recepción que se lo puse, para que no le cobren, dígales que no pudimos instalarlo y ya". Le agradecí mucho explicándole que quería configurar la tele para ver el partido de las Chivas: "Híjole, ese no lo pasan aquí, el hotel no tiene configurado los canales mexicanos, va a tener que ir a un restaurante o… si usted quiere, ¡véngase a verlo a mi casa! Vivo a media hora de aquí, al rato puedo pasar por usted y su familia" ¡Órale, vamos!

Una hora antes del partido, llegó el señor en una camioneta que tenía impresa en la parte de atrás a la Virgen de Guadalupe, de la cual soy muy devoto. Nos subimos, mi esposa, mis cuatro hijos y yo a la camioneta y cuando llegamos a la casa del señor, ¡yo creo que le había avisado a toda la cuadra!, tenían una mesa llena de cervezas *Coors*, taquitos, papas, botana, refrescos... Además, le compraron a cada uno de mis hijos ¡juguetes!, a mis hijas les dieron tres muñecas y a mi hijo un carro de bomberos. Yo estaba muy conmovido, ¡esto es Chivas!

Me gustaría cerrar este capítulo con una anécdota que me enseñó mucho de la vida y de lo afortunado que soy, una anécdota que viví con mi papá. Aquella vez habíamos perdido en el Estadio Jalisco, no me acuerdo contra qué equipo, en ese tiempo nos permitían llegar al estadio e irnos en nuestro propio carro, aunque también había camiones para transportar al equipo, eso sí, llegábamos todos juntos y dejábamos nuestros carros estacionados en un lugar especial del estadio. Esa vez perdimos, salí del vestidor muy molesto por el resultado, caminé hacia mi carro, que estaba a unos 20 metros, y aunque había policías que te escoltaban, la gente se te acercaba, algunos para felicitarte, otros para mentarte la madre, en fin. Dentro de estas personas, había un grupito de damas que me jalaron de la camisa, ¡pero me agarraron con todo y vello del pelo en pecho!, que tengo la fortuna de tener todavía, entonces me dolió mucho, recuerdo que volteé a verlas muy enojado, de por sí ya venía molesto, eso fue lo que derramó el vaso. Me metí enojadísimo al carro, mi papá estaba en el asiento del copiloto, ya estaba mal de salud para ese tiempo, firmé dos o tres autógrafos y nos empezaron a rodear para pedir más, había mucha gente alrededor, subí el vidrio para ya tomar camino e irnos, y mi papá me preguntó: "¡¿Qué haces?!" "Nada, papá, ya nos vamos..." "¡No! Te están pidiendo tu autógrafo, no nos vamos a ir hasta que termines con todos, acuérdate que tú te debes a la gente". En ese momento no lo entendí, estaba enojado porque habíamos perdido, todavía me dolía el pecho del jalón que me dieron, ¡y todavía mi papá regañándome!, pero ni modo, yo era muy respetuoso con mi papa, entonces bajé de nuevo el vidrio y me puse a firmar y firmar autógrafos hasta que se fue la última persona. En el camino de regreso ya ni le hablé a mi papá, pero él me miró y me dijo: "Fernando, la gente es la que te viene a ver, es la que te hace grande". Eso fue algo que me quedó muy grabado y me sirvió como lección.

Por eso, jugar en Chivas significó muchísimo para mí, fue una gran bendición porque con ellos me di a conocer, gracias a Chivas logré lo que logré, futbolísticamente hablando. Eso se demuestra con el cariño que la gente me tuvo y que me sigue teniendo, porque a la fecha hay gente que todavía me saluda, me busca y se acuerda de mí, por eso creo que dejé huella en el equipo y me emociona muchísimo. Considero que la afición de Chivas es la más grande por todo el cariño que le muestran al equipo, dentro y fuera de México. Independientemente de los campeonatos, la gente de Chivas es fiel, y eso como jugador es algo que valoras demasiado. Se siente el cariño desde un niño pidiéndote un autógrafo hasta una persona mayor pidiendo que le firmes la playera.

En fin, Chivas me dio mucho, y yo me entregue con todo, le di mi mayor esfuerzo en la cancha y siempre mi cariño.

5. Amor del bueno

Conocí a mi esposa en el verano del 84, yo ya era seleccionado nacional. Ya no recuerdo si un sábado o un domingo que tuvimos descanso, supongo que era domingo. En el equipo aprovechábamos ese tiempo libre para ir a comer o salir a distraernos. No sé a quién se le ocurrió, si a Carlos Muñoz, a Tomás Boy o a "Chicharito" papá, pero fuimos como cinco o seis amigos al Hipódromo de las Américas: "¿A dónde? ¿Al Hipódromo? ¿Qué onda con eso?", pensé, porque yo a los caballos les tengo mucho respeto, en otro momento les contaré por qué, total, que me convencieron de ir a las carreras y dizque a apostar, digo dizque porque yo no sé nada de eso, creo que quien va al Hipódromo es porque sabe de carreras y sabe qué caballo es fuerte o qué jinete es bueno, qué sé yo, fuimos y hasta apostamos 30 o 40 pesos de aquel entonces, no fue mucho.

Cuando andábamos por ahí caminando, no sé si ya fue al final o a la mitad, durante un *break*, vi a lo lejos a una señorita con otras muchachas, creo de Ciudad de México. La verdad la vi y me quedé: "¡Ándale!", es algo que ella no sabe, lo va a leer por primera vez aquí, pero cuando la vi, pues era de las más guapas que iban ahí caminando, a la fecha sigue siendo muy guapa. No sé ni de dónde agarré valor, pero nos acercamos mis compañeros y yo para platicar, lo típico: "¿De dónde eres? ¿qué haces en Ciudad de México?", en fin. Yo me acuerdo que íbamos de galanes, con ropa dominguera, bien vestidos, aunque mi esposa dice que íbamos con el pants de la selección, entonces ahí ustedes imagínenselo.

Total, estuvimos platicando un rato, coincidimos que los dos éramos de Guadalajara y me atreví a pedirle su teléfono, ¡y que creen, que me lo dio! Seguro también le caímos bien mis amigos y yo, no sé.

Cuando empecé a ir a Guadalajara en mis descansos con la Selección le hablé para ver si podíamos salir, y así empezó nuestra relación, la verdad fue una relación bastante rápida, nos conocimos y de novios fueron como 7 meses, meses de noviazgo en los que empecé a querer verla más tiempo, platicar con ella, pasear juntos, sí, fueron meses en los que nos conocimos, nos entendimos muy bien y nos enamoramos.

Yo ya estaba madurito, tenía 29 años, entonces empezamos a platicar para formalizar la relación, ¡hasta que un día le llegué con el anillo!, fue durante una cena en el restaurante del Holiday Inn, pero mi señora dice que no, que fue en su casa, ¡perdonen lectores, es que tengo una memoria que a veces me juega chueco!

Lo importante es que la pedida de mano fue en casa de mis suegros, eran otros tiempos y había que primero pedir permiso a los papás de ella, así se estilaba. Organizamos una pequeña cena en su casa, ahí me acompañaron mis papás para para pedir la mano de mi esposa. Cuando mis suegros me dijeron que sí, me levanté y le di el anillo de manera formal.

Tres meses después hicimos la boda, en la Iglesia de San Agustín, una iglesia muy bonita que está al lado del Teatro Degollado, aquí en Guadalajara. Fue una misa hermosa, es un templo muy grande.

Y he aquí una de mis galanerías que ella ya no se acuerda, fue antes de que fuéramos novios formales, un día fuimos con uno de sus amigos que tenía caballos, los Zermeño, ¡y ahí había una niña que también me había gustado!, entonces, una vez que me invitaron a una reunión, ¡que me las encuentro a las dos, estaban ahí mis dos candidatas!, algo muy chistoso, pero al final de cuentas la ganona fue mi esposa.

En el casamiento, mi esposa estaba muy nerviosa porque la iglesia era muy grande y recuerdo que me dijo: "Oye, no tenemos tantos invitados, va a estar vacía la Iglesia…", "claro que tenemos muchos invitados", "pero no todos van a la misa", le contesté: "No te preocupes, estoy casi seguro de que algunos aficionados van a venir". Gracias a Dios, el día de la boda la iglesia estaba llenísima. Y aquí viene una anécdota que la voy a tener que decir, ni modo. Cuando íbamos saliendo estaban tocando la Marcha Nupcial y unas amigas de mi esposa le contaron que había como cinco o seis niñas por ahí diciendo: "Vente, vamos a ver cómo está la cabrona, a ver si muy guapa", ahorita me da mucha risa.

De ahí nos fuimos a un restaurante que se llamaba Real Cazadores, curiosamente el mismo donde me hicieron la comida cuando llegué del Mundial, el restaurante ya no existe, era de mi compadre Paco Martínez, al cual le agradezco mucho porque se portó increíble, nos regaló la cena, ¡parecía mi padrino de bodas!, fue mi testigo y un muy buen amigo.

La recepción fue en ese lugar tan hermoso, con una alberca grande que se adornó padrísimo, unos arcos con globos muy bonitos, ahí fue la fiesta, mi papá ya andaba medio mal de salud, pero estuvo en la celebración.

Ya estábamos en pleno baile y ¡ándale!, que de sorpresa nos llegó un invitado que no había confirmado pero que al final sí llegó en la madrugada, Fernando Ibarra, con una amiga de él que ya me había presentado hacía como dos o tres meses, ¡Dulce, la gran cantante!, eran como las 2 de la mañana, ya se imaginarán a toda la gente pidiéndole autógrafos, muy emocionados. Y en muy buena onda, con el mariachi que habíamos contratado, a manera de regalo de bodas nos dijo: "Les voy a dedicar una canción", una cosa padrísima porque los cantantes no acostumbran hacer eso después de un show, los artistas deben tener cierto cuidado con su voz, y ese día estaba haciendo un poco de fresco, pero Dulce se echó un "palomazo" con nosotros, algo muy bonito. Mi amigo Fernando Ibarra, que en paz descanse también, se echó otra canción y ya después convivieron ahí con nosotros un rato.

A la boda fueron varios compañeros, los hermanos de la Torre, Chepo, Néstor, Yayo, Celestino Morales, Sergio Lugo, Madero, Zully Ledesma, Alberto Guerra, en fin, varios amigos, y quería invitar a más, pero ya había mucha gente y no se pudo, teníamos el cupo limitado porque mi esposa invitó ¡hasta al perico! Ah, también invitamos al señor Gobernador, que no pudo ir, pero sí fueron otros políticos amigos nuestros.

La fiesta acabó a altas horas de la noche, creo que las 4 o 5 de la mañana. Nosotros terminamos bastante cansados, aunque todavía había gente a las 5 de la mañana bailando y disfrutando. Nos fuimos al hotel a descansar porque al día siguiente salíamos a la luna de miel, ahí la despedida con mis hermanos, con los familiares de mi esposa, mi papá y mi mamá dándonos la bendición, fue un momento muy emotivo donde la verdad no logré contener las lágrimas.

Luego llegó mi primera hija, Andrea, con la cual ya tengo tres nietos, de 10, 7 y 5 años, ella fue después del Mundial porque nos casamos en el 85 y nos fuimos a vivir a la Ciudad de México todo el año previo al Mundial, después regresamos a Guadalajara, cuando fui campeón en Chivas, y ahí mi señora ya estaba embarazada de mi primera niña, creo que tenía cinco meses de embarazo en aquel anhelado campeonato.

Una cosa también muy padre fue el nacimiento de mis nietos, recuerdo que el primer nieto nació cuando yo iba de invitado al Mundial de Brasil en una agencia de viajes de Guadalajara, íbamos como 100 personas para vivir los partidos de la Selección Mexicana, yo como ex seleccionado tuve el gusto de acompañarlos con todos los gastos pagados. Al principio no tenía ganas de ir porque mi hija ya estaba a nada de aliviarse, entonces hablé con un muy querido amigo mío, el doctor Luis Ruvalcaba, de los mejores ginecólogos de Guadalajara y México, quien es una persona muy especial para mí, y le dije: "¿Qué onda? Alcanzaré a ir antes del parto", "claro que sí Fernando, lánzate todavía falta". Por eso me fui, estuve en Brasil, y recuerdo que el día que venía de regreso, ya en el aeropuerto, a punto de subir al avión, hable con mi esposa, cuando me dice: "Acaban de meter a Andrea a parto", "¡¡¡¿Qué?!!!, mmta, ¿cuánto voy a hacer desde Brasil hasta Guadalajara?", era un viaje Brasil-México-Guadalajara, iba a llegar hasta el otro día. Y dicho y hecho, me subí al avión, sin saber nada, en ese tiempo no había Internet en el avión, fue un viaje larguísimo, muy pesado, y aunque yo estuviera muy cansado no paraba de pensar y rezar para que todo saliera bien.

Le hablé de nuevo a mi esposa hasta que llegué a México y supe que había sido niño, agarré el primer vuelo a Guadalajara, que fue, creo a las 7 de la mañana, porque llegué como a las 2 o 3 a México. Tomé el primer vuelo y a las 7 y cacho ya estaba yo en el hospital. Lo primero que hice, lógico, darle besitos a mi hija, la desperté, ahí estaba mi yerno que se había quedado a dormir, y le dije: "No seas gacha, pídeme al niño", al poco rato nos lo llevaron y lo cargué por primera vez. Ya se imaginarán mi expresión, además de felicidad, traía una cara de desmañanado por el viaje, fueron unas 14 horas de vuelo de Brasil-México, más la espera en el aeropuerto para irme a Guadalajara, muchas horas sin dormir, pero valieron totalmente la pena cuando tuve en mis brazos a mi primer nieto.

Para el segundo nieto ya fue más normal la cosa, fuimos desde el inicio al hospital, también con el doctor Luis Ruvalcaba, y fíjense que a mis dos nietos les gusta mucho el futbol, curioso.

No recuerdo con exactitud qué fue lo primero que pensé cuando me llegó la noticia de que iba a ser papá, pero sí puedo decir que para mí, ella, y todos mis hijos, han sido lo más grande y lo más valioso que tengo. Porque muchas veces veo que la gente se cuida y no saben si Dios les va a dar el privilegio de ser padres. Algunos se casan y piensan: "Me voy a cuidar para disfrutar del matrimonio dos o tres años y ya después me embarazo", y resulta qué duran dos, tres, cinco, diez años y después andan buscando métodos para embarazarse. Entonces, no sé por qué yo tenía esta creencia desde chico de tener al hijo en el momento en el que Dios me lo mandara. A pesar de que mi esposa intentó cuidarse, creo que no le resultó porque las pastillas le hacían daño, entonces tuvimos la fortuna de que al año de casados llegó Andrea.

De lo que sí me acuerdo es cómo llegó mi esposa con el ultrasonido, ya se imaginarán la alegría, después fuimos con el doctor y ella empezó a cuidarse mucho, dicen que los primeros tres meses son muy peligrosos, y yo soy muy exagerado, trataba de que caminara lo menos posible y que hiciera el menor esfuerzo.

Al año nació mi segunda hija, Natalia, en ese momento estaba jugando con la UdeG, fue justo cuando pasó una experiencia terrible con Chima Ruiz que les contaré más adelante.

Fue una alegría enorme haberme convertido en padre por segunda vez, me acuerdo que vi a mi hija, la abracé con todo el amor del mundo y luego tuve que irme al aeropuerto para volar a Tampico. Al día siguiente pasó el accidente con Chima y cuando regresé a Guadalajara fue un choque de emociones porque yo venía muy mal por lo que había pasado con Chima, llegué al hospital con el rostro desencajado, todo triste, pero en cuanto vi a mi hija el ánimo me cambió. El cargar a tu hijo por primera vez es una cosa indescriptible, que sólo mis lectores papás entenderán.

Bueno, aquí ya íbamos 2-0, así lo digo de broma, 2 mujeres y 0 hombres, porque nunca quise saber el sexo del bebé sino hasta que naciera. Luego vino el tercer embarazo, el de mi hijo Fernando, a los tres años del nacimiento de Natalia, ya trabajaba en el CODE, era 1993, yo quería que fuera niño la verdad, pero nuevamente no quise saber nada hasta que naciera, me aguanté, mi esposa ya sabía que iba a ser niño hasta le compró un trajecito de las Chivas, pero no me dijo nada.

Hasta el día del parto me enteré, entré a quirófano con mi esposa porque el doctor era amigo mío y me dejó entrar, y en cuanto nació mi hijo, el doctor dijo: "¡Es niño!", ¡ya se imaginarán!, casi brinco de emoción. Me acuerdo que el día de su nacimiento encargué muchas tortas ahogadas y una botella de tequila Herradura de lo contento que estaba, las llevé al hospital y ahí, a quien pasaba, le invitaba una torta, obvio al doctor que lo recibió, a las enfermeras, a mis amigos que iban a conocer a mi hijo les invitaba un tequilita, fue algo muy emotivo.

Yo quería que mi hijo siguiera mis pasos, ¡al menos que le gustara el futbol!, pero a él no le interesó nada el tema, yo creo que me faltó motivarlo más, jugar más al futbol con él, llegar y agarrar una pelotita y pegarle al balón, no sé. Pero era complicado porque yo ya no estaba como jugador, ninguno de mis hijos alcanzó a verme jugar.

Cuando llegaba de los entrenamientos, comía y me iba a descansar, llegaba muy cansado, y en vez de irme al patio donde vivíamos antes para jugar con él al futbol, me iba a descansar. Sí jugaba con él, pero a otras cosas, por eso me acuerdo perfectamente que no lo motivé mucho con la pelota, no sé si eso haya influido para que no le gustara, él dice que porque todo mundo le preguntaba: "¿Juegas futbol? ¿Vas a ser como tu papá?", y dice que eso no le gustaba, que le generó mucha presión y le empezó a dar coraje que todo mundo lo comparara.

Con mis hijas jugué más porque cuando fui jugador de Atlas me dieron un terreno dentro de mi contrato, terreno donde construimos y a la fecha tenemos nuestra casita, ahí hicimos un pequeño arenero, hasta la fecha lo tenemos, cumplimos ya 36 años en esa casa y ahí sigue el arenero. Me acuerdo que en aquel entonces, cuando ya estaban mis dos hijas y también mi hijo, me ponía a jugar con ellos en la arena, a hacer castillos y demás. También teníamos una alberquita inflable, y a veces los domingos o sábados, hacíamos carne asada, me encanta hacer carne asada, es algo padrísimo. Nomás para que se les antoje, un amigo mío, dueño de un restaurante muy bueno, me pasó una receta de unos camarones zarandeados riquísimos, con una condición, ¡que nunca se la diera a nadie! Venían amigos con sus parejas a ver el futbol y nos quedábamos en la terracita, viendo jugar a los niños y disfrutando el rato. Esas tardes en la alberca con mis hijos fueron maravillosas, llegó un punto en el que ya nos quedaba chica, y con la llegada de mi cuarta hija, Lorenza, que ahorita les platico de ella, compramos otra un poquito más grande, ¡donde metimos hasta al perro!

Cuando vivimos en Torreón, a veces salíamos a pasear y divertirnos a un centro comercial muy bonito, realmente en esos años nos la pasábamos muy bien con mis hijos pequeños, fue una época increíble. A veces los llevábamos al cine, muy pocas porque la verdad yo no soy muy *cinero* pero íbamos de vez en cuando, también a las fiestas con sus amiguitos y luego la convivencia con los novios, porque mi esposa y yo siempre quisimos tenerlos cerca, para conocer a los chavos con los que se juntaban y con quienes salían, entonces los invitábamos a las carnes asadas, y ahorita, al esposo de mi hija mayor, lo conocemos ya por casi 20 años.

Tengo un sobrino que grabó los nacimientos de mis hijos, Juan Carlos, una cosa medio dura porque se ve todo, la sangre, cuando lo sacan y demás, una cosa muy impresionante, yo la verdad ya no lo quise ver porque además todos fueron por cesárea, y para mí es algo muy duro de ver.

Pero fue padrísimo, y ahí ya nos íbamos a quedar, porque imagínense, si para mantener un niño es difícil, ahora con tres, ¡y justo me quedé sin trabajo! Pues resulta que llegó la colada, así le digo de broma a mi hija Lorenza, que es la más pequeña y la que me está apoyando mucho ahorita con el manejo de mis redes sociales.

Ese embarazo fue difícil porque mi esposa, a raíz de los tres hijos anteriores tuvo un problema en el útero por un embarazo extrauterino y la tuvieron que operar, entonces le quitaron una trompa del lado izquierdo. Si de por sí no es fácil quedar embarazada, pues con nada más una trompa, peor. Nosotros sin buscar ya un cuarto hijo, mi señora cuidándose, como dice el Chapulín Colorado, "se nos chispoteó", y a los cinco años del nacimiento de Fernando, llegó Lorenza. Fíjense que yo quería niño, ¡para empatar el marcador!, pero gracias a Dios salió niña ¡y bien picada con el futbol, Chiva de corazón la condenada!, usa de pijama una camiseta mía de Chivas, tiene como diez camisas que me ha ido quitando. Ella juega futbol y me acompaña a todos lados, está metida en la comunicación y me acompaña a todas mis entrevistas, se interesó en el futbol más que mis hijos. Mi hijo se dedicó a otra profesión en la cual le ha ido bastante bien, trabaja en una empresa muy importante en México y me siento muy orgulloso de él.

Lorenza es la que más me ha seguido. Por comodidad a veces prefiero ver los partidos en la casa, pero ella me convence y me acompaña al estadio, ahí nos tienen a los dos metidos en el Akron.

Fue complicado cuando nació porque yo había salido de trabajar con Bora en la Selección y no tenía chamba, pero, como les digo, siempre he sido cuidadoso en ese aspecto y tenía mis guardaditos. Increíble, esta niña nació con torta bajo el brazo, porque poco después de su nacimiento, a los dos meses, me llegó la oportunidad de trabajar con Santos.

Por cierto, aquellos cuatro años con Santos fueron de muchos éxitos, logramos clasificar y nos metimos de lleno a la liguilla hasta lograr un subcampeonato en mi primer año como entrenador, cosa que no es fácil, pero ya les contaré en otro capítulo sobre esta etapa.

El punto es que, cuando estaba por nacer mi hija Lorenza, mi familia y yo nos mudamos a Torreón, donde la pasamos increíble, la gente se portó muy bien con nosotros, muy intensos a veces con las porras o con las ofensas, ya les platicaré una experiencia que tuve con mi mamá, ¡canijos!, pero en general lo que viví como entrenador fue algo muy padre, hubo momentos muy emotivos, de los mejores momentos de mi vida porque durante el poco tiempo que estuve dirigiendo al equipo fuimos campeones, y ser campeón en el futbol mexicano no es fácil. Esos 4 años allá en Torreón también mis hijos vivieron momentos muy padres, les sirvió mucho para madurar, dos de ellos se fueron desde muy chicos. Y esto se los cuento porque en esa época viví algo que recuerdo con muchos sentimientos encontrados. Poco tiempo antes de mudarnos a Torreón, yo ya con contrato firmado y toda la cosa, mi esposa estaba embarazada de Lorenza y un día tuvo un accidente en la cocina, se resbaló y cayó de pompas, nos preocupó mucho porque tenía ya seis meses de embarazo y ustedes, queridos lectores, sobre todo los que son papás, se imaginarán el riesgo que esto puede traer no sólo a la mamá, también al bebé.

Fuimos a revisarla y hasta ese momento no parecía haber ningún problema, pero cuando nació mi hija no lloraba para nada, esto se nos hizo extrañísimo, al doctor también, aunque la revisaron no vieron nada fuera de lo normal. Pasó el tiempo y cuando le daban pecho, no podía succionar, teníamos que darle un biberón con un chupón especial, muy sensible, muy ligerito, para que ella pudiera succionar. Ya se imaginarán la preocupación que teníamos mi esposa y yo.

Entonces mi señora puso las cartas sobre la mesa: "O consigues en Torreón algunos doctores especializados o terapias para Lore, o no vamos, te esperamos acá en Guadalajara". Pregunté a mi directiva y afortunadamente me consiguieron a uno de los mejores doctores para niños en Torreón. Hasta ahí todo bien, pero hubo otro problema, Torreón es una ciudad donde hay mucho polvo, se dan unas tolvaneras tremendas, y mi hija, a raíz de eso, empezó a tener asma, entonces ahí nos tienen a mi señora y a mí nebulizándola casi cada tercer día porque se nos ponía malita, fue algo con lo que luchamos durante casi año y medio estando allá, por el clima y por todo eso. Además, ella tardó mucho en hablar, incluso algunos doctores decían que no se le iba a desarrollar el habla por unas cuestiones en sus articulaciones de la mandíbula. No sé si llamarle milagro o no, pero con el tiempo ella empezó a hablar, más y más cada vez, al principio con una voz muy bajita, apenas y se escuchaba, pero de un día para otro parecía que nada había pasado. Los doctores sólo alcanzaron a decir que no se había desarrollado bien una parte de la garganta y la mandíbula, un huesito lo tenía más chiquito que otro, por eso le costaba articular para hablar bien.

Fueron momentos muy estresantes para todos, pero a la par estuvieron acompañados de muchos triunfos, porque como dije, Lorenza nació "con torta bajo el brazo" y es una hija muy apasionada, muy sensible y con mucha luz.

Tengo una familia hermosa, gracias a Dios somos muy unidos por el gran ejemplo que tuvimos, tanto del lado de su madre como de su padre, nuestros papás, en su momento nos dejaron una buena escuela, y ahora con mis hijos, creo, les hemos dado una buena educación, una buena base como padres, al menos es lo que siento, les hemos cumplido. Ahorita ya casi todos volaron del nido, la mayor se casó, la segunda hija se fue a España durante 7 años a estudiar una maestría para ayudar a niños con autismo, acaba de regresar y se fue a vivir a la Ciudad de México, allá trabaja, me dijo que quería irse a una zona con mayor oportunidad de crecimiento y se me fue. Mi hijo encontró una oportunidad de trabajo también en la Ciudad de México, para la empresa Electrolit y le está yendo muy bien, viaja mucho metiendo la marca a diferentes países, Estados Unidos y Centroamérica, incluso Europa. Y a la otra, la más chica, la tengo aquí a mi derecha mientras escribo estas líneas.

Ha sido duro el alejamiento de los hijos, sinceramente soy muy casero, soy muy de familia, así me enseñaron mis papás, y me cuesta trabajo quedarme solo en la casa, la casa se siente sola porque dos de nuestros hijos están haciendo su vida lejos de nosotros, pero nos sentimos contentos, estoy satisfecho porque creo que les dimos esas bases para que pudieran volar solos.

Son niños buenos, traviesos, lo normal, pocas veces en su momento los regañé cuando se llegaron a pasar de cervecitas, pero fueron pocas las ocasiones, hablaba con ellos siempre desde el inicio para evitar problemas después. Lo que sí era pesado era cuando teníamos que ir por ellos a las fiestas, porque nos desmañanábamos, pero en general todo normal.

Creo que su mamá batalló más con ellos, puesto que yo prácticamente me ausentaba mucho por el trabajo, a veces me iba de pretemporada con los equipos como entrenador cuando ellos tenían vacaciones, por eso la que lidiaba más con ellos fue mi esposa. Aprovechaba cuando tenía dos o tres días, agarraba mi avioncito de donde estuviera y me iba a Vallarta con ellos para disfrutarlos al máximo, nos subíamos a la "banana", jugábamos en la playa, en fin. Es muy difícil en este trabajo tener vacaciones, hay ocasiones en las que teníamos una semana o quince días a lo mucho para disfrutar a la familia, y peor ahora con todos los torneos que hay.

Recuerdo que un día mi hija Andrea, la más grande, tendría en ese tiempo unos 20 años y estaba estudiando en Canadá, yo dirigía Santos, me hizo una apuesta, me dijo: "Papá, si quedas campeón con Santos, te apuesto un viaje familiar, nos vamos de crucero" ¡ándale!, acepté porque, imagínense, además de ser campeón, ir de crucero con mi familia, ¡una maravilla!, fue el día que quedamos campeones contra Pachuca. Y dicho y hecho, ¡que me cobran el viaje!, tuve que pedir dos o tres días más para disfrutar ese crucero. Nos fuimos a Vancouver, porque ahí llegaba mi hija, así que allí nos encontramos (al menos un boleto de avión menos), y nos fuimos unos días a conocer Alaska, mi hija Lorenza estaba muy chiquita, casi no se acuerda del viaje, pero fue algo muy padre.

Y otra apuesta que me hicieron mis hijos fue respecto a las mascotas, porque antes yo no era de tener perros, me encantan, pero nunca fui de tenerlos hasta que me casé, ahora tengo perros y gatos. Cuando jugó la final Tigres-Chivas, en el 2017, llegó mi hija Lorenza y me dijo: "Papá, te hago una apuesta, si Chivas queda campeón, me dejas tener un perro", ¡órale!, Chivas había estado jugando bien durante el torneo, pero iba contra Tigres, siempre es un partido complicado contra ellos, y le dije: "Ándale, si Chivas queda campeón adoptamos un perro", quedó campeón Chivas y a los dos días me llegó con una cosita, un perrito chiquito, hermoso, cabía en la palma de la mano. Luego mi esposa dijo que quería un gato, se la pasó insistiendo con que un gato, y un día llegó mi hijo de la Ciudad de México, un 10 de mayo, con una caja de regalo teniendo adentro, ¡un gato! Ya se imaginarán cómo me puse: "¡Yo no quiero nada aquí, yo no quiero gatos!", y mis hijos: "Papá, no seas malo, dale una oportunidad", el chantaje sentimental, mi señora igual se puso con ellos a pedir por el gato, eran cuatro contra mí y no me quedó más que aceptarlo. Ese gato estuvo con nosotros 16 años, y dicen los que saben que cuando los animalitos están por morir, se despiden. Llegó un momento en que la gatita ya se veía malita, dicen que a veces los gatos, cuando ven su muerte acercarse, se van. Esta gata nunca se había escapado, era muy casera, la teníamos acostumbrada a estar en casa, pero un día por lo que quieran y manden, se salió. A lo mejor dejamos la puerta abierta, pero se salió y no la volvimos a ver, empezamos a buscarla por todos lados, pusimos carteles en toda la colonia, hablamos con los policías del club que está aquí cerca, total, que no la volvimos a ver.

Y ándale, que otro 10 de mayo le llegan a mi esposa con el mismo regalo, pero aquí yo ya, en buena onda, accedí. Lo que son las cosas, eso sirvió para hacerme de más corazón con los animales, no que antes no lo fuera, sino que yo decía: "Son sucios, se hacen pipí en todos lados, no me gusta". Mis gatos son, yo creo, ¡más obedientes que mis hijos!, es increíble, tienen un arenero donde hacen pipí y sin problemas, también mi perro, cuando quiere hacer pipí, lo sacamos a la calle y ya.

Mi hija Lorenza es de las personas que rescatan animales, de repente trae animalitos, se quedan aquí un día o dos y luego los llevamos al albergue, ella tiene una conexión muy bella con los animales. Algo increíble que pasó aquí en casa, digo, a lo mejor a alguien se le va a hacer normal, a mí no se me hizo normal ni a mi familia, resulta que un día Lorenza me dijo: "Papá, en el jardín hay un pajarito que no vuela", "déjalo, seguro se cayó de algún nido. Si lo agarras, sus papás ya no lo van a querer". Total, no hizo nada, pero escuchábamos el "pío, pío, pío", veíamos que sus papás no llegaban por él, entonces a ella se le dobló el corazón y me dijo: "¿Sabes qué? No aguanto, le voy a dar de comer y le voy a poner agua", lo recogió, lo puso en una caja de zapatos y lo llevó a la veterinaria. Yo le insistí que lo dejara donde lo encontró, le puso unas semillitas para que comiera y hasta le colgó una casita para pájaros porque era tiempo de lluvias y quería que tuviera un lugar dónde resguardarse.

Total, que esta niña ahí lo tuvo, y lo curioso es que, cuando ella salía a verlo, el pajarito empezaba a volar un poquito, le enseñó a volar mi hija, pero no se iba, ni llegaban por él. Cuando mi hija salía a darle de comer, aparecía y se iba con ella, incluso conmigo, cosa rarísima porque a cualquier otro pájaro si lo intentas agarrar, se escapa, pero éste no, estuvo en el jardín con nosotros durante tres meses, se iba, ve tú a saber dónde y regresaba al mediodía a comer, oíamos su silbido, era fuerte su cantar. Lorenza le compraba gusanitos o grillos, se los tirábamos en el jardín y bajaba el pájaro, se quedaba cerca de nosotros para comer, luego se volvía a ir y regresaba puntual al día siguiente, tres meses así, muchísimo tiempo para la naturaleza de los pájaros. A veces se ponía a perseguir a Lorenza, ¡como perrito, corrían juntos en el patio!, algo muy raro, pero muy bonito.

¿Recuerdan que les tenía una anécdota con los caballos? Aquí les va, ni modo. A mí me gustan los animales, admiro la belleza de los caballos, pero también les tengo mucho respeto por las experiencias que he vivido, es más, no sé hace cuántos años no me subo a un caballo, no me han tumbado ni nada, pero han estado a punto de hacerlo.

Aquí en Guadalajara, cerca de donde entrenan las Chivas, había un lugar que creo se llamaba "Los Pirules", era un bosque muy grande, un día llegamos y rentamos unos caballos, pero el mío se desbocó, por más que le jalaba las riendas no lo pude controlar, me dio mucho miedo, los caballerangos, o no sé cómo se les dice a las personas que están ahí rentando los caballos, tuvieron que alcanzarme para controlarlo, fue muy impresionante para mí. De ahí dije: "¡No me vuelvo a subir a un caballo en mi vida!", y bien dicen, "pagan justos por pecadores", entonces a mis hijos tampoco los dejaba aunque insistieran, un día vieron con sus propios ojos los riesgos de subirse a un animal como éste. Íbamos llegando a Tapalpa y enfrente habían unos diez caballos con sus jinetes, en eso, un caballo relinchó, se descontroló, y aventó a su jinete sobre el cofre de un carro que iba delante nuestro, gracias a Dios no se mató porque hubiera caído en el empedrado, Tapalpa está todo empedrado, pero sí se dio un buen golpe. Recuerdo que volteé a ver a mis hijos y les dije: "Ya ven, por eso les digo que no se suban", "ay, papá, no seas miedoso". Yo lo digo por algo, los caballos son impredecibles, si les sale una culebra o se espantan por cualquier cosa, se desbocan.

Bueno, pasó el tiempo y un gran amigo mío y ex socio, Enrique Ramos Flores, que en paz descanse, estaba de candidato para diputado de Zapopan. Me habló para que lo acompañara a Ameca, Jalisco, para promocionar su candidatura. Íbamos a entrar en un grupo grande de personas a una placita de toros, chiquita, de las que hay en los municipios.

Llegamos al lugar y en eso veo como a 60 caballos adelante de nosotros, nadie arriba de ellos, entonces pensé: "En la madre, no vaya a querer que entremos a la plaza en caballo", y dicho y hecho, Enrique me dijo: "Oye, vamos a entrar todos mis invitados a caballo, porque enfrente van a ir unas personas con una manta abriéndonos paso", así como los mítines de los 70s y 80s, "Chingue su…", ya ni le dije nada a Enrique del susto que me había llevado años atrás, además, dicen los que saben, que el caballo te huele el miedo, yo trataba de estar tranquilo. Les dije a los señores que vivían ahí y que nos dieron a los caballos: "A mí dame el más mansito, por favor, porque yo sí les tengo mucho respeto a los caballos". Y en esta parte de la historia me pasó como en las caricaturas, empezó la avanzada y de donde estaban los caballos, a donde íbamos a entrar, eran como unos 30 metros, pero los últimos 7 metros era una subidita, una cordillerita que nomás entraba un caballo, o sea, íbamos uno por uno para luego entrar a la explanada. En eso, no sé si solté la rienda o hice algún movimiento mal, la verdad no sé qué pasó, pero tal cual como las caricaturas, el caballo se jaloneó, relinchó y yo me fui para atrás, se me balanceó todo el cuello y casi me caigo. Fueron unos 40 o 50 segundos de verdadero terror, yo había perdido el control del caballo y no sabía qué hacer, tenía que tomar una decisión, por un momento pensé en aventarme y aguantarme el trancazo, pero qué bueno que no lo hice, después los caballerangos me dijeron que eso era lo peor, porque podía pisarme el caballo o darme una patada, así que le agarré fuerte las riendas y lo jalé hasta que pudieron calmarlo.

Estaba pálido del susto, pero ni modo, intenté seguir en la fila y en eso, no sé si el caballo que iba frente al mío era una yegua, pero mi caballo le empezó a oler la cola y la yegua se hizo para atrás, ¡casi nos tira!, fue cuando dije: "Ni madres, yo me voy caminando", me bajé y terminé el trayecto caminando. Todos estaban muertos de risa, mi amigo, el que era el candidato, se burlaba: "No te lo creo, Fernando", "no chingues, yo me voy aquí a un lado tuyo y entro caminando". De ahí le agarré mucho respeto a los caballos, ahorita lo platico y se me hace chistoso, pero en su momento les tuve mucho miedo y respeto.

Para terminar este capítulo, quiero dedicarle unas palabras a mi esposa Chely, con quien llevo una relación muy bonita, quiero agradecerle por todos los años que hemos vivido juntos, todas las alegrías que me ha dado, hay mucho amor de por medio. Por supuesto que existen problemas, como en cualquier matrimonio a veces hay enojos, a veces hay molestias, pero gracias a la fortaleza de ella, al cariño, a la escuela que tuvo también como hija y ahora como madre para ser un ejemplo de sus hijos, con el apoyo de Dios, hemos podido llevar ya 39 años de casados, el próximo 21 de junio de 2025 cumplimos los 40 años.

Y ya que agradecí a mi esposa Chely, quien sin duda ha sido mi apoyo más grande y el bastión de mi familia, también quiero decir unas palabras a mis hijos con todo el amor que siento por ellos. Andrea, mi hija mayor y ejemplo de disciplina y entusiasmo, gracias por estar siempre cerca y atenta de tu mamá y de tus hermanos cuando he tenido que viajar y estar lejos por mi trabajo, gracias por ser un ejemplo y guía para nosotros. Natalia, admiro no sólo tus estudios y tus conocimientos, también tu fortaleza para superar cualquier adversidad, a pesar de estar tan lejos por vivir en otra ciudad, permaneces siempre cerca en el alma. Fernando, estoy muy feliz por tus logros y por tu capacidad que te ha permitido crecer profesionalmente, porque nunca olvidas la convivencia familiar y el amor que le das a tu mamá, a tus hermanas y a mí, sólo deseo que llegues muy lejos y tengas éxito en lo que haces. Lorenza, mi pequeña hija, mi compañera en la pasión por el futbol y el enorme cariño a las Chivas, gracias a ti se cumplió mi sueño de escribir este libro, gracias por tu paciencia y por el amoroso apoyo que me das, sólo quiero que logres todas tus metas y tus sueños vayan siempre más allá porque tienes una gran sensibilidad. También al Panda, mi yerno, quien ha sido un gran promotor para que me animara a escribir mi historia.

Y ya entrado en esto, para terminar debo decir lo siguiente a mi familia: hijos míos y amada esposa, estoy muy orgulloso de ustedes, tal vez no soy muy bueno para transmitirles mis emociones, pero quiero que sepan que siempre doy gracias a Dios por tenerlos cerca y formar parte de mi vida, sólo deseo que sigamos unidos y que cada uno de ustedes haga realidad todos sus sueños, si tuviera que decir en pocas palabras lo que representan para mí sería lo siguiente: gracias, ustedes son la razón por la que vivo, los amo con todo el corazón.

6. CLÁSICOS ROJIBLANCOS... Y UNA QUE OTRA PATADA

Los clásicos son de las cosas más bonitas que tuve en toda mi carrera, jugar los clásicos contra el América o el Atlas, incluso los más recientes contra el Cruz Azul (que no los considero como tal, clásicos, pero que sí son partidos importantes en la liguilla), eran muy emocionantes, porque siempre llenaban estadios, yo tuve la oportunidad de jugar varios, puedo decir que más de 20, y sé que un clásico es muy diferente a cualquier otro partido.

Puedo hablar de dos clásicos muy importantes: el clásico tapatío, Chivas-Atlas, y el clásico nacional, el súper clásico Chivas-América. Muchas veces me preguntan cuál es el más importante para mí, y es muy complicado responder porque son dos cosas distintas, los viví de diferente manera, uno era un clásico local, regional, del Estado, por lo que se vive con mucha intensidad en Jalisco, en cambio, el clásico nacional fue producto de la mercadotecnia, según tengo entendido, y a esto se agregó la gran pasión mexicana para crear la rivalidad deportiva. Cuentan que la historia es porque el señor Azcárraga, cuando se hizo dueño del América fue para tener un rival que le peleara al supuestamente "equipo del pueblo", que eran las Chivas, digamos que el equipo de los ricos contra el equipo de los pobres.

Por lo mismo, el Chivas-América eran partidos llenos de emoción, de pasión, partidos que esperabas durante semanas. De los 26 jugadores, 24 revisábamos el calendario para saber cuándo nos iba a tocar jugar contra el América, no lo niego, yo era lo primero que hacía.

Es más, si estabas lesionado querías recuperarte rápido para jugar esos partidos, los esperabas con mucha pasión, muchas ganas, y quizás está mal decirlo, pero una semana previa al partido te cuidabas el doble para no lesionarte y así estar al 100%; si salías a cenar tres o cuatro veces por semana, ahora nada más salías una vez con tu novia o tu esposa; si ya estabas casado, era cuidarte mucho la semana previa al clásico. También en los entrenamientos, te motivabas más, entrenabas emocionado, nervioso, expectante, en los interescuadras trataba de hacer las cosas muy bien para que el entrenador te pusiera de titular. Y esto, no quiere decir que para otros partidos no lo hiciera.

Fueron momentos que recuerdo con mucho cariño y nostalgia, y ahora que veo estos partidos me transporto a esa época, sé que mi tiempo ya pasó, pero lo vivo con mucha intensidad, me llegan los flashes de esos partidos y me emociono mucho, me conmueve recordar cuando yo estuve ahí en la cancha, jugando los clásicos, dándolo todo por el equipo. Cuando mi equipo pierde, me da coraje ver que a veces el equipo no se partió la madre jugando, pero son cosas que ya quedan fuera de mí.

Son varios los clásicos que viví como jugador, puedo recordar dos o tres con más intensidad, donde desgraciadamente se prendió la mecha, el clásico era tan pasional que no se necesitaba ponerle "más sal al caldo", era un partido que por sí solo ya generaba mucha expectativa, mucha emoción. Este clásico tenía detrás una máquina publicitaria, una cadena de televisión que se encargaba de ponerle, aparte de la salecita que ya tenía, ¡un poquito de pimienta y orégano al caldo! para que se calentara, en el buen sentido de la palabra. El partido, si de por sí no necesitaba más difusión, Televisa se encargaba de bombardear a la afición con el tema, eran partidos que se veían no sólo en México, sino también en Estados Unidos y otras partes del mundo.

Eran juegos muy divididos por parte de la afición, desde los 70s, 80s, que yo jugué, siempre sentí que el Estadio Azteca estaba en un 60/40, 60% Chivas, 40% América, quizá ahora sea diferente, pero en ese entonces así era. En el Estadio Jalisco era un 70/30 a favor de las Chivas. Ahora, precisamente por todo lo que ha logrado el América, las cosas son diferentes, se ve mucha afición del América, en Guadalajara, lo notas desde que llegan a la concentración en el hotel, con todas las serenatas que les llevan, cosa que antes no existía, también se ve en el estadio cuando meten un gol, hay mucha afición apoyándolos.

Recuerdo también las broncas que hubo porque fueron épicas, a veces se me hace difícil entender cómo un partido de futbol levanta tanta pasión, pero así son las cosas, y solamente los que han estado enfrentándose en la cancha durante un clásico saben de lo que estoy hablando, no porque otra gente no lo sienta, porque claro que el aficionado lo siente pero desde otra perspectiva, como jugador lo vives diferente, escuchas los gritos de apoyo de tu afición, que siempre lo he dicho, es el jugador número 12 del partido el que te incita a dar tu 120%.

De estas broncas me acuerdo de una muy sonada, aquella donde Gómez Junco, cerca de la banca del América volteó hacia la tribuna e hizo una seña con las manos que la banca tomó como una ofensa, fue un relajo porque el profesor Gálvez encaró a Gómez Junco y ¡tómala!, se armó la batalla campal, creo que el árbitro era Edgardo Codesal, ¡esa ocasión nos dimos con todo! Recuerdo que fue en el Estadio Azteca, prácticamente todas las broncas que viví fueron ahí. En esa bronca nuestro entrenador era Alberto Guerra, lógico, también estaba muy enojado, incluso se suspendió el partido. Los ánimos estaban a tope porque primero nos enfrentamos al América en Guadalajara, donde perdimos 2-1, luego en México ganamos 3-1, y en esa temporada el América estaba imparable, ¡era el América de Reynoso!

Y quiero platicar algo, que yo creo que ni el mismo Carlos Hermosillo lo sabe, ¡aquí lo va a leer!, resulta que antes de ese partido, Carlos y yo ya jugábamos en la Selección, él estaba de reserva en el que fue el último partido previo al Mundial, el interescuadras, entonces yo pensaba: "El que juegue el interescuadras, va de titular al Mundial". Los dos traíamos esta rivalidad de darlo todo en la cancha para, en mi caso mantener, y en su caso conseguir la titularidad, por lo que nos dábamos entrones muy fuertes en los entrenamientos de la Selección. De ahí yo creo que nos quedamos con ese pique, y me acuerdo perfectamente que en aquel clásico, cuando fui a entregar la lista de jugadores al árbitro, yo como capitán, a Antonio R. Márquez, le dije: "Don Antonio, ahí le encargo, Carlos y yo traemos pique, ¡chéquenos bien!", ¡cómo son las cosas!, a los primeros cinco o seis minutos, controlé una pelota en el área grande y en eso llegó Carlos con una barrida que ¡jijo de su madre!, si no brinco, quién sabe qué me hubiera pasado, una barrida durísima.

En una jugada, si no mal recuerdo, le llegó una pelota al "Zully", Vacas intentó quitársela, no lo logró, balón parado, "Zully" intentó despejar, pero Vacas lo agarró del hombro, y eso me hizo enojar mucho porque más allá de que no lo dejó despejar, lo pudo haber lastimado, un tirón de más y hasta desgarre de hombro te puede dar. Me acuerdo que llegué a pegarle con el pecho, no lo lastimé, pero Vacas hizo el engaño y se tiró al piso, haciendo el ademán de que yo le había pegado con la cara, entonces el árbitro me sacó la tarjeta roja. Yo me prendí, le reclamé, le dije que ni siquiera le había pegado con la cara, le pedí que el abanderado diera su opinión, en fin, me dio mucho coraje. Ya iba de salida, cuando Hermosillo empezó con las burlas: "Ja, ja, ja, ya ves, ¡por pendejo!" ¡Ándale!, que me prendo más y alcancé a darle una patadita, buscando la falta, porque pensé: "Yo me voy, pero no voy a dejar a mi equipo sin un jugador, ¡me llevo al que se me cruce!", y dio la casualidad que Hermosillo fue el primero. Carlos me contestó la patada, yo me tiré en el piso, y el árbitro expulsa también a Carlos, ¡ya ves, por…!

Ya me estaba levantando, cuando Carlos me dio otra patada, pero ahora en el pómulo, la verdad no fue un golpe fuerte, ya después lo platicamos él y yo porque llevamos buena relación, la verdad, lo que pasa en la cancha se queda en la cancha. Bueno, cuando mi compadre Demetrio Madero vio esa patada, se le dejó ir con todo a Hermosillo, ¡se armó la bronca en grande! Ni modo, era inevitable, nos dijimos muchas cosas en la cancha, y no sólo con él, con todos. Los ánimos, como dije, se calientan más durante los clásicos y el ambiente a veces se vuelve muy tenso.

Cada quien tendrá su versión, pero la mía es ésta. A final de cuentas, después de la bronca, todo se quedaba en la cancha, a veces sí había coraje, pero pasaba, Carlos y yo ya somos personas grandes, ¡ni modo que nos andemos peleando todavía por algo que pasó hace tantos años! Y aquí recuerdo las palabras de don Nacho Trelles: "Cabeza fría y pies muy calientes", creo que es una frase fabulosa.

Ahora vienen los otros clásicos, contra el Atlas. Este clásico tapatío es muy viejo, incluso anterior al clásico nacional. Es importantísimo porque está más arraigado a la gente de Jalisco. Me acuerdo del campeonísimo, el "Tigre" Sepúlveda, cuando nos acompañaba a algunos partidos, también "Tubo" Gómez, que nos platicaban algunas anécdotas o vivencias para motivarnos previo al encuentro, nos decían que el Chivas-Atlas desde siempre han sido partidos muy peleados, es un rival con el que no puedes perder, así de fácil, hay una rivalidad muy fuerte tanto entre aficiones como entre los mismos directivos.

Nuevamente las coincidencias, hemos sido pocos los jugadores que hemos jugado en los dos equipos, y para echarle más, también dirigí a ambos equipos, fue algo muy curioso. No es fácil ser jugador de Chivas y después pasarte al Atlas, a mí, afortunadamente, me tocó vivir esa experiencia, padrísimo.

Cuando yo ya estaba jugando con Atlas y de repente nos enfrentábamos a Chivas, quería ganarle, porque así demostraba mi profesionalismo, lo mismo cuando fui entrenador, ya sea de Chivas o de Atlas, siempre me motivaba para ganar, eran sentimientos bien chistosos, raros, pero a final de cuentas es una profesión como cualquier otra y lo disfruté al máximo. Eso sí, si me preguntas para dónde late mi corazón, por supuesto que para las Chivas, eso todo mundo lo sabe, porque estuve muchísimos años en Chivas, y en Atlas sólo un año, pero eso no quiere decir que no haya dado mi 100% en ambos equipos.

Como entrenador me fue muy bien en Atlas, como jugador, futbolísticamente hablando no tanto, estábamos la "Chelona" Rodríguez y un servidor, pero nos metieron muchos goles, el equipo no calificó, en fin. Como entrenador fue otra cosa, logramos clasificar e hicimos 32 puntos, la verdad en general me fue bastante bien, la afición me recibió estupendo, sabían que era un profesional y que con la camiseta del Atlas iba a rendir al máximo, y si no logramos más fue porque las cosas no se dieron, a lo mejor no hubo buena comunicación con mi compañero de saga, como dije, la "Chelona" Rodríguez, a lo mejor ninguno quiso ser el "obrero", ambos quisimos ser figura, porque él era seleccionado salvadoreño y yo seleccionado mexicano, ninguno quiso dejar el esmoquin y ponerse el overol, y eso nos costó muchos goles.

Los clásicos Chivas-Atlas han sido muy importantes, me acuerdo que cuando perdías no querías ni salir a la calle por la burla que te hacían, aquí en Guadalajara la mitad de la gente le va a las Chivas y la otra mitad le va al Atlas, por decirlo de alguna manera.

También hubo cierta rivalidad con Alfredo Tena, ¡el "Capitán Furia" contra el "Sheriff"!, entonces de repente había entradas fuertes o golpes cuando yo iba a rematar al *corner*; lo mismo con Outes, ya más en la cuestión futbolística era un jugador peligroso, no lo podías dejar en el área; con el "Ruso" igual, él era un excelente jugador y tenía que marcarlo bien, pero nunca hubo ofensas ni malos tratos, más bien era una rivalidad deportiva.

Es más, en una entrega de premios en el Salón de la fama, cuando premiaron a Alfredo Tena, él estaba en el podio recibiendo el premio y no recuerdo qué chascarrillo dijo, pero nuestras miradas se cruzaron y le dijo a la prensa y a los que ahí estaban: "Y si no me creen, pregúntenle a Quirarte que ahí está". Ahí se vio que todo lo que pasaba en la cancha era aparte, que fuera del juego ya no había odio ni rivalidad, es simplemente futbol. Incluso con Carlos Hermosillo, con quien llevo una buena relación, le hablé en su cumpleaños y todo muy bien, me lo encuentro de repente en el Estadio Akron y platicamos, ya lo pasado, pasado. El mismo Reynoso que es mi enemigo en el aspecto deportivo, él sigue vitoreando mucho a sus Águilas, yo a mis Chivas, de repente nos echamos ahí la pelea cuando nos vemos, pero siempre desde una perspectiva deportiva.

Fueron pocas las veces que me peleé, menos en mis últimos años, bien dicen que ya de viejo hasta ridículo te ves. Hubo un partido en Houston, de leyendas del Guadalajara contra leyendas del América, donde vi de nuevo a algunos compañeros, como a Tena, a Manzo, y aunque sí eran entres duros porque te acordabas del pique de hace años, ya lo hacíamos con precaución para no lastimarnos.

Pero la rivalidad Chivas-América es tanta que, incluso, está mal visto cambiar camiseta con el rival, yo lo hice una vez, pero abajo, en el vestidor, creo que fue con Armando Manzo o Mario Trejo, la memoria a veces me falla. Voy a ser bien sincero, nunca colgué la camiseta ni la tenía exhibida, estaba doblada y bien guardada, hasta que un compadre una vez me pidió que cambiara camiseta con alguien del América y se la regalara, entonces le di esa que ya tenía. Y es que, dicen las malas lenguas, Carlos Reynoso y José Antonio Roca no permitían a sus jugadores cambiar camisas con jugadores de las Chivas, creo que a la fecha sigue estando prohibido, más que nada por tu afición, cosa con la que comulgo porque, al menos para mí, la rivalidad está en el campo, es dar tu 100% y morir por tu equipo, barrerte, ir por todo, meter goles, correr lo más que puedas, es darlo todo. Muchas veces había familiares o amigos, en mi caso americanistas, que me pedían conseguirles la camisa de Tena o de Brailovsky, lo cual era muy complicado, y sí, a veces nos encontrábamos antes del partido, nos saludábamos, preguntábamos por nuestras familias, en fin, pero una vez en la cancha ¡era a morir! Ya al final del juego, si se daba la oportunidad, nos acercábamos, ellos o yo, y nos pedíamos la camisa: "Fíjate, cabrón, que tengo un primo que es americanista, ¡yo no sé por qué!, pero me pidió tu camisa, ¿intercambiamos?", o al revés, pero siempre abajo, donde no nos viera la gente, de una forma muy discreta.

Recuerdo mucho un clásico nacional, América contra Chivas, ese día había llovido y el Azteca estaba lleno de lodo, era un campo de juego dificilísimo. No recuerdo el minuto, pero en un tiro de esquina, un delantero del América remató hacia la portería con la cabeza, traté de despejar, pero con tan mala fortuna que justo al momento de despejar, me resbalé, le pegué a la pelota, hizo una curva maldita y terminó entrando ¡en el arco de las Chivas!, yo me sentí de la chingada, me quedé un rato en el lodo del Estadio Azteca, viendo el festejo de la multitud, algo tristísimo para mí. El partido terminó y salimos todos en camión muy tristes. Al día siguiente, pedí permiso para quedarme en la Ciudad de México. Renté un carro para ir a la fábrica de hilos "La Cigüeña", por una representación que tenía mi hermano, que en paz descanse, de la cual era promotor en ese entonces. Iba meditando sobre el partido de un día antes, lamentando ese mentado autogol ¡y contra el América!, cuando, ¡ándale!, no vi en el semáforo la luz preventiva sobre Avenida Insurgentes y me pasé, con tan mala suerte que media calle después me paró un policía de tránsito: "Señor, no sé si se fijó, pero se pasó un alto", yo muy apenado, le dije que no me había fijado, que todavía estaba en amarillo, el tránsito me pidió la licencia y en cuanto leyó mi nombre me volteó a ver, miró de nuevo la licencia, me miró una vez más y me dijo: "¡Ah!, conque usted es el traidor", "¡¿Qué?! ¡No!, fue un accidente, son cosas que pasan, la cancha no estaba en las mejores condiciones…", ¡me dio mucho coraje! Porque sé que a la gente le duele perder contra el América, los aficionados van al estadio y sufren, es un amor al equipo que traen en sus corazones, algo tatuado por dentro, lo veo con mis hijos, con mi hija Lore, ¡que es más chiva que yo! En mi caso, me quedo con el juego, los partidos, la rivalidad sana y meramente futbolística, porque llevarlo a extremos de violencia ocasionan tragedias como lo que pasó en Querétaro, que fue una desgracia.

Tuve el honor también, de compartir cancha con jugadorazos, puedo mencionar a Pepe Martínez, que en paz descanse, un fuera de serie, me gustaba su calidad de juego, su velocidad, su *dribling,* era un jugador pensante, nunca perdía la cabeza, era muy equilibrado; otro fue Raúl, el "Willy" Gómez, por su picardía y amor al equipo; otro que admiro su calidad de juego, a pesar de que no me tocó, fue Octavio Muciño. Jugadores ante los que me enfrenté y que eran durísimos en cancha, la "Cobra" Muñante, de los Pumas, era un súper dotado, cuando me tocaba jugar de lateral izquierdo, ¡nomás le veía el número!, era rapidísimo; otro, Cabinho, un jugador muy fuerte, no podías descuidarlo porque te hacía gol; también este centro delantero del Atlético español, Carlos Pierucci, fue uno de los que más se me dificultó cubrir, tenía una fortaleza increíble; uno más, que tiene mis respetos en todos los aspectos como jugador porque si tú te le barrías a la rodilla, ¡él se te barría a la yugular!, era un jugador que si le metías una patada, él te la regresaba al doble, un jugador ecuatoriano llamado Ítalo Estupiñán, moreno, fuerte a madres, chocabas con él y era chocar contra la pared, un jugador con mucha personalidad; otro, Horacio López Salgado, jugadorazo del Cruz Azul; Carlos Hermosillo tampoco era fácil; Agustín Manzo lo mismo.

Esto en cuanto a los jugadores que marqué como defensa central. Hay también otros jugadores que admiro mucho por su calidad de juego como Osvaldo "Pata bendita", Reynaldo Güaldini, Carlos Reynoso, el "Ruso" Brailovsky, también Nílton Pinheiro "Batata" y "Bam Bam" Zamorano.

De las Chivas recuerdo al "Tigre" Sepúlveda, por su historia, lo mismo Jaime, el "Tubo" Gómez; al "Jamaicón" Villegas, a quien tuve un tiempo como entrenador y quien compartió muchas anécdotas con la Selección; el historial de Javier Valdivia, con quien tengo la fortuna de compartir una amistad; Isidoro "Chololo" Díaz, a quien vi en el Salón de la Fama; también Sabás Ponce; y uno que es único, también como entrenador, Héctor Hernández, una figura del Guadalajara; uno más, que ya se nos adelantó, el famosísimo Chava Reyes; qué decir también de Nacho Calderón y Raúl el "Willy" Gómez, ídolo de las Chivas.

Otro jugador importantísimo con el que tuve varios encuentros fue con el mismísimo ¡Maradona!, el primero fue en Los Ángeles contra los Argentinos Juniors. En ese tiempo

Maradona ya era una figura, y recuerdo que me acerqué a intercambiar playera, ¡no iba a desaprovechar la oportunidad!, me les adelanté a todos y desde la tarde, cuando me lo encontré comiendo en el restaurante, le dije: "Hola, Diego, oye, me toca jugar contra ti al rato, ¿intercambiamos playeras al final del partido?" "Sí, claro", y dicho y hecho, acabando el partido, ya en vestidores, me dio su camisa con el 10. Tengo mi colección, y estoy feliz con ella. Después coincidimos en otro partido en Puebla, donde también intercambiamos camiseta, ahí no me la pudo firmar porque seguíamos en el campo, él me dio la suya, yo le di la mía, muy buena persona, por cierto. La tercera vez que nos enfrentamos fue en Monterrey, si no mal recuerdo.

En uno de nuestros encuentros jugamos en Pasadena, California, el partido era Europa contra el resto de América, un juego amistoso donde el estadio estaba a reventar, un ambiente maravilloso, ahí me tocó ser compañero de Maradona, incluso tengo una foto donde estamos celebrando un gol que metió él, donde también sale Cabañas, un jugador paraguayo maravilloso. También le pedí su camiseta, es un tesoro que guardo con mucho cariño.

Después de retirados vino el Showbol, un evento organizado por unos promotores y que se iba a jugar en Monterrey y la Ciudad de México, aquí me invitaron como entrenador, ya no como jugador, y claro que acepté, sabía que se iba a presentar Maradona, era la atracción principal, él y otros grandes jugadores argentinos.

Recordé que tenía aquella camiseta que me dio en el partido en Puebla y me la llevé para que me la firmara. Ya se imaginarán la seguridad que tenía en ese tiempo Maradona, era una celebridad, adonde quiera que iba causaba mucha expectación en la gente. Y cuando fui a pedirle la firma me encontré con tres gigantones parados en el pasillo previo al vestidor de Argentina, me identifiqué con ellos y me indicaron que estaba pronto a llegar Diego. A los 3 o 4 minutos llegó Maradona y me reconoció de inmediato, de aquellas veces que nos habíamos enfrentado ya nos hablábamos de tú y toda la cosa: "Fernando, ¡qué gusto saludarte!" "Igualmente, Diego, fijate que traigo algo para que me firmes", y en cuanto saqué la camiseta vi la cara de sorpresa de Maradona: "¡Cómo es posible que guardes todavía eso! Ha de tener unos 10 años", le dio mucho gusto que yo conservara aquel recuerdo. Fueron momentos muy padres, tuve la fortuna de convivir con él en varias ocasiones, tanto dentro de la cancha como en vestidores, de conocerlo como persona, tiene una personalidad muy agradable, es un jugador brutal. Este partido que les platicaba en Pasadena fue unos veinte días después del Mundial, entonces fue un partido padrísimo, donde disfruté mucho su compañía. Para mí Diego es uno de los tres mejores jugadores que ha visto el mundo. Mi top está: en primer lugar, Pelé, aunque no lo vi jugar mucho, para mí es el *number one*, después Diego, y el tercero, se lo pelean Messi y Cristiano.

Pero a Diego lo tengo tan presente porque me tocó jugar con y contra él, aquellas dos o tres veces eran de mucha presión porque sabías que ibas a marcar a uno de los mejores jugadores del mundo, entonces por supuesto que te traía nervios. Y la verdad, con conocimiento de causa era dificilísimo marcar a Diego, era un jugador muy inteligente, se te cruzaba en el camino para que tú le provocaras *foul*, era un jugador que desde antes de recibir la pelota ya sabía a quién se la iba a pasar. Un jugador muy, muy inteligente, con una excelente técnica individual.

En lo personal, como rival, nunca tuve ningún problema en el sentido de faltas de respeto o de comportamientos antideportivos, no, siempre hubo buen diálogo con él, las faltas que de repente se llegaban a dar eran leves, ninguna aparatosa, en general siempre tuvimos juego limpio tanto dentro como fuera de la cancha.

En otra ocasión, fuimos a hacer un curso de entrenadores a Argentina, Yayo de la Torre, Benjamín Galindo, Sergio Lugo, yo, y alguno que otro más, la memoria ya me falla, pero sí tengo a ellos muy presentes. Estando allá me dijo un amigo, Juan Pablo Romero: "Oye, vamos al Museo de Diego Maradona, ha de estar padre". Aprovechamos un poquito del tiempo libre que nos daban en el curso y fuimos al museo.

Cuál va siendo mi sorpresa que, recorriendo la galería ¡me encuentro con la camisa de Chivas!, ¡la que yo le había intercambiado!, y pasos más adelante, ¡la camisa de México que yo también le di!, me dio muchísima emoción porque él tenía una colección de camisetas impresionante, tal vez unas 200 o 300 camisetas de jugadores de todo el mundo que, al igual que yo, le habíamos intercambiado. El museo en sí es un espectáculo, tiene tantas cosas, algunas películas de sus inicios en el fútbol, de cómo empezó y con quién, balones, uniformes, fotos, en fin, algo muy padre.

No sé si todavía exista, después de que él falleció creo que hubo problemas ahí entre su representante y su esposa, no lo sé, pero les digo, a mí me dio muchísimo gusto ver esas dos camisetas que había intercambiado con él.

Diego Armando Maradona me dejó una gran huella en su momento. Siento que el marcar a uno de los mejores jugadores del mundo como lo fue Diego, me dejó una gran enseñanza, le aprendí muchas cosas, antes del partido revisaba el clima del campo, entraba a ver el terreno de juego, cositas de ese estilo, y por supuesto la forma de dominar la cancha.

No fue nada fácil enfrentarlo, en general tampoco al equipo argentino, siempre han sido rivales muy duros, y me alegra mucho haber jugado esos partidos.

No sé si yo sea un símbolo del Guadalajara, la verdad no lo sé, pero uno de mis grandes sueños siempre ha sido dejar mi nombre en el recuerdo de la gente, entonces, si soy o no un símbolo los que tienen que decidirlo son los aficionados. Para mí, las muestras de cariño que me da la gente cuando voy al estadio o cuando me encuentro a algún aficionado en el cine, en el súper o en la calle, cuando los papás les dicen a sus hijos pequeños: "Mira, ese señor jugaba en las Chivas, cuando lleguemos a la casa te voy a enseñar un gol que le metió al Cruz Azul, o a Bélgica en el Mundial...", para mí, eso lo es todo. Porque sé que la generación de ahora, muchos ni me conocen, pero agradezco a sus papás o a sus familiares más grandes, que hablen de mí, de mis compañeros de aquellos años y nos mantengan vivos en el recuerdo. Hace poco entrevistamos al "Chiquete", por supuesto que él no nos vio jugar, pero por recuerdos que le contaron, videos que le enseñaron, nos ubica muy bien y sabe que él está haciendo lo que nosotros hicimos hace años. Por eso, lo más bonito de mi profesión, lo que guardo en lo más profundo de mi corazón y mis recuerdos, es el cariño de la gente.

Con algunos árbitros también tuve muy buena relación, yo tenía la costumbre de, antes del encuentro, ir a la cancha para ver en qué condiciones se encontraba, y si por ahí andaban ya los árbitros iba a saludarlos: "¿Qué pasó? ¿Cómo estás? ¿Cómo te fue en tal o cual partido?", etcétera.

No puedo decir que tuve una amistad con alguno, porque no, para mí una amistad es cuando ya te vas a comer con ellos, les marcas por teléfono regularmente, se ven con frecuencia, y no, no era así, pero sí llevaba buena relación con la mayoría, puedo mencionar a Archundia, Brizio, el "Coronel" Rubio, Edgardo Codesal, Bonifacio Núñez, la verdad tipazos todos.

Me acuerdo que un día después de un partido, no me pregunten cuál porque no me acuerdo, pero el chiste es que ganamos, salimos muy contentos y fuimos a cenar, iba con mi novia y unos amigos, llegamos a un restaurante bar con música, buen ambiente, y ¡ándale!, que dos o tres mesas a la derecha, vi a Bonifacio Núñez con su cuerpo arbitral, fuimos a saludarlos y nos quedamos platicando un buen rato con ellos sobre el partido. Bonifacio Núñez era una persona muy comunicativa, muy teatral en su trabajo, pero todo en buena onda, a veces te tirabas en una barrida y se acercaba: "¡Párese! ¡No se haga pendejo!", todo en el buen sentido, hasta caía bien; obvio tú no podías decirle nada porque te iba mal.

Otro con quien llevé buena amistad fue el árbitro mundialista, Edgardo Codesal. Cuando yo trabajaba en Fox y él en la Comisión de árbitros aprovechaba para hablarle, saludarlo y pedirle algunas confirmaciones de pensamientos que yo tenía: "¿Por qué en este partido no marcaron penal si la jugada era clara?", él tenía la atención de explicarme la jugada desde su perspectiva y eso me servía de apoyo cuando yo salía como analista en Fox.

Pero así como hubo buenas relaciones también hubo malas. Me tocó una vez una experiencia con Eduardo Brizio, en un partido contra Morelia, donde me enojé muchísimo, no sé si él se acuerde, yo creo que no porque expulsó a mucha gente. En esa ocasión, no sé qué jugada fue, creo que un tiro de esquina complicado, polémico, donde llegaron los jugadores a reclamarle una marca, yo como capitán me acerqué también, pero la cosa fue que él ya estaba molesto por tanto reclamo, había alejado a todos los jugadores y en el momento en el que quise hablar con él para hacerle el reclamo, siempre muy respetuoso porque si llegas mentando madres te sacan directo la roja, me acerqué bien tranquilo, apenas iba hacia él cuando me gritó: "¡No te me acerques porque te expulso, cabrón!" "¡¿Por qué?! ¡No te he dicho nada!" "Ya te dije, ¡no te me acerques porque te expulso! ¡No te me acerques!", y yo, por güey, me le acerqué para intentar hablar y ¡tarjeta roja! Ahí sí ya le dije de todo, estaba encabronado, y me mandaron expulsado dos o tres partidos. Esa fue la única vez que me enojé fuerte con un árbitro. Después se calmaron las cosas. Ahorita ya todo quedó atrás, a veces le escribo por Twitter o nos saludamos de vez en cuando por redes sociales, pero aquella ocasión sí me enojé.

Para terminar este capítulo, me gustaría compartir unas palabras para los más jóvenes, no sólo para aquellos que quieran jugar futbol, sino para los que buscan un proyecto de vida. Yo creo que hay cosas que son clave: disciplina y dedicación en lo que hagas, cariño a lo que te dediques, y que sueñes, busques tu objetivo, que si caes una vez, te levantes, no hay que lamentarse, siempre hay que pensar positivo, sólo así puedes lograr tus sueños. Yo soñé con llegar a ser futbolista profesional, y con mucha disciplina, voluntad y amor, pude lograr lo que hasta ahora me ha dado muchas alegrías y satisfacciones.

7. La escuadra tricolor y mi paso con Bora Milutinovic

Aquí les quiero platicar otro momento importantísimo en mi carrera, mis inicios en la Selección Nacional con Raúl Cárdenas, un excelente entrenador con el que trabajamos para el premundial de Honduras en 1981, donde lamentablemente nos eliminó Honduras y no clasificamos. Una jornada corta, donde sólo jugué dos partidos, contra Honduras y El Salvador, pero con mucho aprendizaje; tuve como compañeros a Paco Castrejón, Leonardo Cuéllar, Alfredo Tena y Manuel Manzo, jugadorazo y gran amigo mío, entre otros.

Los centroamericanos son muy duros, lo vivimos en ese premundial, en ese entonces don Nacho Trelles hizo unas declaraciones muy polémicas que nos dieron en la torre durante nuestra estancia en Honduras, Trelles dijo que en Honduras jugaban "con balón cuadrado", ¡ándale!, muy desafortunado el comentario porque en cuanto la Selección

Mexicana llegó a Honduras, nos trataron pésimo, todo el tiempo era una guerra contra México, si bien éramos el enemigo a vencer, después de esas declaraciones se volvió algo de locos, no podíamos ni salir a la calle, previo a los partidos iban a gritarnos cosas fuera del hotel, nos llevaban las "serenatas" con cohetones, música a todo volumen, bandas tipo El Recodo, en fin, todo un escándalo para no dejarnos dormir.

Durante un partido muy importante contra la misma Honduras, pasamos una situación muy fea. En todo el trayecto del hotel al estadio nos rodeaban las personas, hondureños en su mayoría, para aventarnos piedras, jitomatazos, huevos, plátanos, fue un recibimiento muy duro que impactó en nuestro desempeño, nos pusieron en una situación muy tensa y de mucha presión, teníamos que ganar a como diera lugar y, por desgracia, no pudimos. La selección de Honduras también fue muy ruda con nosotros, muy violentos, con entradas muy fuertes, iban con todo sin importarles si nos lastimaban.

Aquel partido terminó 0-0 y después terminamos de enterrar nuestro pase al Mundial cuando perdimos 1-0 contra El Salvador, con un gol del "Mágico" González, un excelente jugador. Me imagino que los hondureños quedaron muy felices con nuestra eliminación, en aquel 1981 ganarle a México era lo máximo, yo creo que a ellos les bastaba ganarle a México, aunque no clasificaran después al Mundial. México era visto como el Rey de Concacaf, lugar que ahorita peleamos con Estados Unidos, pero hace años, México era el rival a vencer.

Y no sólo Honduras, también en Guatemala, en El Salvador, no se imaginan la hostilidad que hay desde que llegas al aeropuerto, lo mismo Costa Rica y Jamaica. En Trinidad y Tobago no me tocó, pero oí comentarios de Nacho Calderón que aventaban pollos con sangre, pollos muertos o deshuesados al camión de la Selección, horrible. También mentadas de madre, piedras, palos, huevazos, hasta navajazos. Una vez que te subes al camión ya no hay problema, te escoltaban una o dos patrullas, pero el recibimiento era horrible. Una vez, no me acuerdo si fue en El Salvador o en Honduras, tuvimos que hacer el simulacro de llegar a un hotel y salirnos por la parte de atrás para cambiarnos a otro, porque las llamadas "serenatas" eran terribles, y esa vez funcionó muy bien, pudimos dormir muy a gusto. Esto lo viví como jugador y como entrenador.

Pero todo esto es aleccionador, tenemos que saber lidiar y jugar con ese tipo de situaciones en contra, todo te deja una enseñanza y te hace madurar más. Muchos jugadores comentamos que en Honduras, en aquel partido donde empatamos 0-0, nos llegó a dar miedo, nos tuvimos que quedar un buen rato en el centro de la cancha con el cuerpo de seguridad rodeándonos porquc a pesar de que no habíamos ganado, la gente estaba muy, muy agresiva con nosotros. Creo que duramos prácticamente media hora ahí parados, es más, ni nos bañamos en el estadio, salimos al vestidor rodeados de oficiales y nos fuimos directo al hotel. De camino los aficionados estuvieron aventando al camión piedras y huevazos. ¡Y eso que empatamos, imagínense si hubiéramos ganado! Me acuerdo que varios periodistas, como el "Perro" Bermúdez y Raúl Orvañanos, se andaban peleando en el restaurante del hotel con personas que nos agredían. También fue terrible la despedida que nos dieron ya cuando íbamos hacia el aeropuerto.

Otra cosa es en Europa, ahí es muy tranquilo, muy padre. Cuando había mexicanos, la gente iba a que le firmaras un autógrafo o que le regalaras alguna playera, siempre muy amables. Donde sí es otro mundo es en Estados Unidos, por ejemplo, en Los Ángeles, que es la ciudad donde hay más mexicanos, es una locura cuando juegas. También en Houston, San José, California, Chicago, son lugares con estadios padrísimos donde se recibe muy bien a los equipos mexicanos.

Quiero dedicar un espacio a Bora Milutinovic, pues con él tuve una relación muy buena y cercana. Todo empezó después de haber sido seleccionado con Raúl Cárdenas, que en paz descanse, en el premundial de Honduras, donde insisto, nos trataron terrible desde el momento de la llegada. Por cierto, el otro día lo estuve reviviendo con un amigo, de cómo la gente nos trataba en el hotel, en el aeropuerto, fue una situación muy fea, todo el tiempo era una animadversión contra el equipo mexicano y al final de cuentas fuimos eliminados.

Terminando el premundial vino un partido a beneficio de Pepe Martínez; recibí la llamada de Bora para jugar un partido de la Selección de Guadalajara contra la Selección Mexicana, ¡partidazo! Bora había contactado a varios jugadores del Guadalajara, entre ellos yo, para llevárselos a la alineación de la Selección Mexicana. Me acuerdo que le dije: "Bora, la verdad no me dejan ir", y me contestó: "Tú decides, estás en la Selección (mexicana) o estás en el equipo". ¡Ándale!, me la puso muy, muy, muy, difícil.

No tuve que pensarlo mucho, hablé con mi presidente, Carlos González Lozano, y le dije: "Carlos, quiero aprovechar esta oportunidad y necesito que me dejes". Al final de cuentas me trató muy bien, lo convencí y me fui a la Selección mexicana.

La Selección no iba muy bien, acababa de perder 5-0 en Italia, entonces venía muy vapuleada. Se estaban preparando para jugar el Mundial del 86 y la idea era ganarlo todo, y el señor Bora tiene mucha preparación y personalidad, con él tuve la gran oportunidad de vivir un Mundial, fue uno de los entrenadores al cual siempre le estaré agradecido porque me dio la oportunidad de mi vida en un momento muy difícil, como ya lo platiqué, por la muerte de mi padre. También le agradezco la ayuda que me brindó con la situación de Chima Ruiz que… ¿no se las he platicado? Ahí les va.

Jugaba en ese tiempo en la Universidad de Guadalajara, oportunidad que agradezco porque durante mi carrera futbolística no tuve muchas transacciones, entonces que un equipo se interesara en mí y me comprara para portar sus colores, siempre fue algo que agradecí, más cuando me encontraba en el ocaso de mi carrera, yo venía de jugar 16 años con las Chivas, después pasé un tiempo a Atlas y ya casi al final, fue cuando llegué a la UdeG, previo a retirarme.

Nos tocó jugar en Tampico Madero, una época en la que los aficionados llevaban sus radios a los estadios para escuchar la transmisión y a los cronistas a la par que veían el partido, esto lo puso de moda Monterrey con el cronista Roberto Hernández Jr.

Empezó el partido, primer tiempo, yo jugando de central y acompañándome de lateral izquierdo, Sergio Díaz, y en el derecho, Amezcua. En ese tiempo el mejor jugador de la temporada era el “Chima” Ruiz, un jugador muy hábil, entró por la banda izquierda y mi instinto fue barrerme, pero él, con esa habilidad que tenía, eludió mi barrida, me hizo la finta que iba a centrar y yo me fui en banda por inercia, y esto lo saben los que juegan futbol. Al momento de barrerme, entré de lleno con la pierna izquierda, pierna que no le dio a nada, ni al balón ni a "Chima", pero con la rodilla derecha, que venía doblada, en la posición que normalmente ocurre en este tipo de jugadas, lamentablemente, le di de lleno a la tibia de "Chima" la cual quedó fracturada. Mucha gente dice que en las gradas se alcanzó a escuchar el tronido del hueso, yo sinceramente no lo escuché.

De hecho, no me expulsaron, sólo me amonestaron con tarjeta amarilla, el árbitro vio perfectamente que mi intención nunca fue lastimar a nadie, yo iba al balón, pero en el futbol hay encuentros que pueden resultar en un desastre debido a la velocidad y la fuerza con la que se juegan.

La gente en el estadio empezó a abuchearme, me gritaban cosas horribles: "¡Pinche puerco!", "¡eres un marrano, Quirarte!", fue una situación muy triste, me sentí fatal, yo no sabía que había fracturado a "Chima", la gente se enteró por los comentarios emitidos en el radio, entonces yo estaba muy desconcertado porque, si bien sabía que había sido una entrada fuerte, no me imaginaba la magnitud.

Terminó el primer tiempo, entramos al vestidor y me sorprendí, porque había muchos vidrios rotos, la gente al enterarse de la fractura de "Chima" fue a destrozar todo, rompieron el mobiliario, dejaron hecho un caos, además, se quedaron afuera gritándome cosas horribles.

Don Nacho Trelles, antes de empezar a platicar con todo el equipo, se me acercó y me dijo: "Fernando, descansas", "¿por qué don Nacho? Me siento bien, fue un accidente, usted lo vio…" "¡Descansas! La gente está muy enojada, Fernando". Don Nacho fue alguien muy sabio, protegía a

Inolvidables reuniones con mis padres y hermanos.

Mis amados padres.

Primeras apariciones como profesional.

La foto del Tapatío... con el escudo de las Chivas muy cerca.

No. ______

FEDERACION MEXICANA DE FUTBOL, ASOC.

Esta Federación certifica que el Club DPVO. TAPATIO, A.C. tiene registrado al Sr. FERNANDO QUIRARTE GUTIERREZ como Jugador de la 3a. DIVISION durante la Temporada, Temporadas o Tiempo Determinado 1974-1975

México, D. F., ____ de ______ de 19__

Firma del Jugador — Secretario de la F.M.F.A.

¡Un sueño cumplido!, mi primer registro con el Tapatío.

¡Ándale, dando mis primeros autógrafos!

Control de balón, mirada a los cielos.

Con mis entrañables hermanos.

Primeras apariciones como futbolista
en el equipo de mis amores.

Consolidado con las
Chivas del Guadalajara.

Una foto oficial con el Rebaño Sagrado.

Con el inolvidable Ángel Fernández:
"A todos los que quieren y aman a las Chivas".

Siempre he sido un hombre de fe
y gracias a Dios tuve muchos éxitos deportivos.

Recibiendo una distinción con mis compañeros de las Chivas.

Aquí con el maestro
y gran guía Alberto Guerra.

Una carta llena de ternura de una fiel seguidora del Rebaño Sagrado.

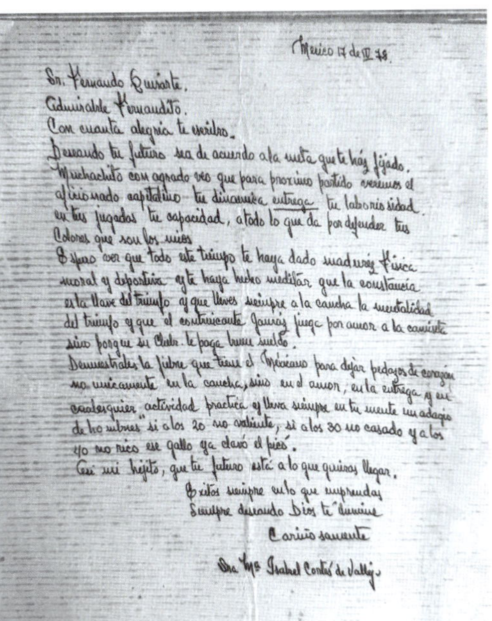

México 17 de VI 78.

Sr. Fernando Quirarte.

Admirable Fernandito.

Con cuanta alegría te escribo.

Deseando tu futuro sea de acuerdo a la meta que te hás fijado.

Muchachito con agrado veo que para proximo partido veremos el aficionado capitalino tu dinamica entrega tu laboriosidad en tus jugadas tu capacidad, a todo lo que da por defender tus Colores que son los míos

Espero ver que todo este tiempo te haya dado madurez Física moral y deportiva y te haya hecho meditár que la constancia es la llave del triunfo y que lleves siempre a la cancha la mentalidad del triunfo y que el contrincante Jamás juega por amor a la camiseta sino porque su Club. le paga buen sueldo.

Demuestrales la fiebre que tiene el Méxicano para dejar pedazos de corazón no únicamente en la cancha, sino en el amor, en la entrega y en cualesquier actividad practica y lleva siempre en tu mente un adagio de hombres "si a los 20 no valiente, si a los 30 no casado y a los 40 no rico ese gallo ya clavó el pico".

Así mi hijito, que tu futuro está a lo que quieras llegar.

Exitos siempre en lo que emprendas

Siempre deseando Dios te ilumine

Cariñosamente

Sra. Ma. Isabel Cortés de Vallejo

Con dos Citlalis y rodeado del amor familiar.

Goles son amores, ¡y más si dan campeonatos!

Defendiendo los colores de mi Selección Mexicana.

De gira con mi Selección, aquí en camello teniendo como marco las pirámides de Egipto.

En algún estadio de Asía con un público conformado por soldados entusiastas.

Un castillo de Europa del Este.

Terminó el partido… a celebrar el triunfo.

Un gol en el Mundial México 1986, algo más que un sueño, dedicado a mi padre allá en el cielo.

De gira con mi Selección Mexicana, aquí con el Vasco Aguirre, actual director técnico de la Selección.

Reconocimiento del equipo de mis amores por mi participación en la Copa del Mundo, México 86.

Uno de los días más felices de mi vida: con Chely, el amor de mi vida.

Maravillosas tardes para disfrutar en familia.

Dando fe de lo que para mí representó ser seleccionado nacional en México 1986.

Momento de decir adiós...
sólo como futbolista profesional.

Con un gran maestro, extraordinario ser
humano, entrañable amigo: Bora Milutinovic.

Amor eterno… siempre con mi madre.

Con el inolvidable actor
Mario Moreno Cantinflas.

¡Campeón con Santos Laguna! Una satisfacción
enorme como director técnico.

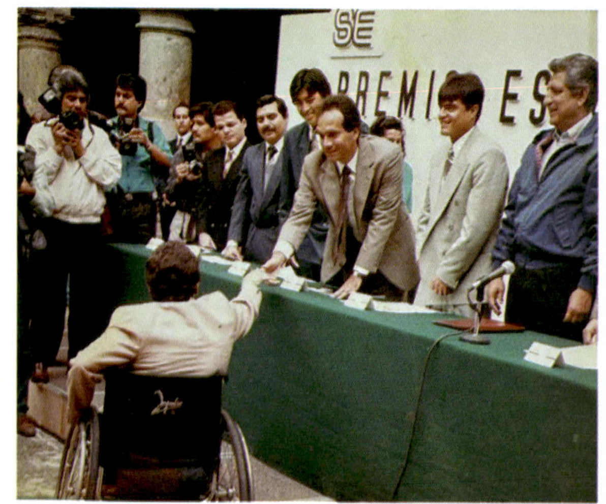

En mi faceta como funcionario público, en todos los lugares en los que he trabajado siempre he dado lo mejor de mí.

Con Cecilia Occelli, entonces Primera Dama de México.

En un homenaje al gran Bora Milutinovic, entrenador de múltiples selecciones del mundo, con el gobernador de Jalisco, Pablo Lemus.

Con Chiva Hermanos de varias generaciones y el gran Bora.

Compartiendo mis impresiones sobre el equipo de mis amores.

En el estadio Akron, casa de las Chivas del Guadalajara.

En entrevista con medios de Guadalajara para expresar mi opinión sobre la grandeza de Chivas.

Como siempre, apoyando a mi Selección Mexicana, cuando ganó la Copa Oro ante Estados Unidos en julio de 2025.

Mi mayor tesoro, mi amada familia:
gracias por ser mi inspiración, mi motor y mis anhelos de vivir.

los suyos, y ese día tomó la mejor decisión porque "Chima" era un ídolo en su ciudad, la gente lo quería mucho, y si yo hubiera jugado el segundo tiempo no sé qué hubiera pasado, a lo mejor hasta una desgracia.

En ese momento entraron varios directivos del equipo contrario y me dijeron que me fuera con ellos, cosa que a mi directiva no le pareció, entonces pidieron seguridad para que me pudiera ir a la Ciudad de México a esperar al equipo.

Me senté a pensar, estaba desconcertado, platiqué con mi directiva y les dije que lo mejor era que yo me adelantara a la Ciudad de México y que esperara al equipo en el aeropuerto para irnos a Guadalajara. Así lo hicimos, mis directivos pidieron una patrulla para tomar mi camión, pero no en la terminal de autobuses, sino que llegamos a una parte de la carretera y esperamos un camión a que me llevara al aeropuerto, "México, vía corta" decía el autobús. Me acuerdo que antes de salir del vestidor me tuve que cambiar, ponerme otro pants y otra playera, no había querido ir al hotel por mis cosas, me daba miedo que la afición estuviera esperándome allá y pasara algo malo.

Esas horas en el camión fueron muy tristes, me sentía terrible por todo lo que había pasado y pasé una muy mala noche, recordaba la jugada, analizaba qué había pasado y le daba vueltas a todo en mi cabeza. No me acuerdo cuántas horas fueron de viaje, ya llegamos de madrugada a la Central de autobuses de la Ciudad de México, la TAPO, apenas salí de la estación, vi un puesto de periódicos justo enfrente de mí, en la portada del periódico *Esto,* en primera plana: "¡Fracturado!", eso me terminó de hundir, me invadió la tristeza. A veces la vida te da lecciones muy duras. A pesar de estar con esa tristeza, sucedió algo maravilloso en mi vida, ¡mi esposa dio a luz a mi hija! Yo estaba vuelto loco, muy confundido entre la inmensa alegría de haberme convertido en padre y la tristeza e incertidumbre por lo que me venía en lo profesional.

Tomé un taxi, con la imagen del periódico en la mente, y me dirigí a la Terminal 1 del aeropuerto de la Ciudad de México, subí las primeras escaleras a mano derecha, no me quise quedar en medio, y desde arriba me dispuse a esperar a mi equipo. Mis pensamientos estaban entre la alegría de ser papá y la inquietud por la lesión cuando, no me lo van a creer, veo ¡al "Chima" Ruiz en una silla de ruedas!, saliendo con mis compañeros en el mismo vuelo llegando a la Ciudad de México, ¡mi primera reacción fue ir a disculparme! Bajé rapidísimo, me acerqué a él y al doctor que supongo lo estaba acompañando y le dije con toda la sinceridad del mundo: "Oye 'Chima', te pido una disculpa, no fue mi intención", él sólo volteó a verme, no me contestó nada y siguió su camino. A pesar de eso, me sentí aliviado porque al menos había tenido la oportunidad de disculparme con él.

Al poco tiempo llegaron mis compañeros, me reuní con ellos y me abrazaron, me dieron palabras de apoyo, claro, es muy feo pasar por un accidente así. Llegamos a casa, a Guadalajara y, obviamente el equipo del "Chima" pidió mi inhabilitación, es normal en un caso así, hasta que el "Chima" se recuperara y regresara a jugar. Me preocupé mucho, yo estaba en un muy buen momento físicamente y dejar de jugar esos meses hubiera bajado mucho mi nivel.

Me inhabilitaron por una semana en lo que se hacía la investigación, y en esos días me habló el señor Bora Milutinovic, a quien le estoy muy agradecido por todos los buenos gestos que tuvo conmigo tanto dentro de la Selección Nacional como fuera de ella. Bora me pidió que le mandara todos los videos que tuviera en los que aparecieran jugadas de las barridas que había hecho, me dijo que él ya tenía algunas, pero que necesitaba toda la evidencia posible. Afortunadamente yo acostumbraba grabar mis partidos para después verlos y analizar mis jugadas para ver de qué forma mejorar. También le pedí grabaciones a la misma Televisa y a mi entrenador. Cuando junté en video todas mis barridas para mandárselas a Bora, me di cuenta que de 40 barridas, 39 eran iguales a como me barrí con "Chima" Ruiz.

Preparé el video y me fui volando a Ciudad de México a encontrarme con el señor Bora, quien también había grabado mis barridas en Atlas, Guadalajara, UdeG, hasta con la Selección, así reunimos evidencia. Me fui a la Comisión disciplinaria de la FMF y les entregué los videos y nuevamente expliqué que mi intención nunca había sido lastimar a "Chima", que incluso el árbitro a cargo, que estaba a tres o cuatro metros de la jugada me había sacado tarjeta amarilla por una entrada dura, pero sin intención. Gracias a esto fui exonerado, no me castigaron y seguí jugando.

Pasó el tiempo y las cosas ya se habían calmado, pero yo seguía teniendo la espinita de hablar con "Chima", y por circunstancias de la vida un día fui al Club Guadalajara por algo, no recuerdo a qué, porque ya tenía tiempo que no jugaba con Chivas, pero ese día tuve que ir y curiosamente "Chima" Ruiz se encontraba entrenando en el Club. Si bien tenía las ganas de encontrármelo, no fue hasta que lo vi en el área médica, que pensé: "Éste es mi momento". A lo mejor él no se acuerda, pero me le acerqué y nuevamente le pedí una disculpa, ya habían pasado dos o tres años de aquel incidente, y el "Chima" me sonrió y me dijo: "No te preocupes, Fernando, son gajes del oficio, cosas que pasan", y eso me alegró muchísimo, por fin pude soltar ese sentimiento de deberle aquella disculpa. Porque realmente me sentía muy apachurrado con "Chima", influyó también que en ese tiempo era su entrenador Carlos Reynoso, con quien yo había tenido algunas diferencias creativas de las que habíamos quedado un poco enojados, entonces, platicando con Bora y algunos compañeros, hilamos que a lo mejor "Chima" había estado tan enojado conmigo por algo que le habría dicho Reynoso, estas son meras especulaciones, no puedo asegurar nada, ya después platiqué con Reynoso y subsanamos las diferencias que habíamos tenido. Hoy nos vemos y nos saludamos muy bien, pero en su momento yo estaba muy preocupado, maquiné en mi cabeza muchas cosas que a lo mejor pudieron o no, influir en "Chima", la verdad nunca se lo pregunté, yo me quedo con aquella plática en la que sanamos los dos. Esto lo platico porque la misma vida te va poniendo las pruebas, te da lecciones para que aproveches lo que tienes y no te salgas del buen camino.

Otra experiencia muy dolorosa que me vino a la mente fue la muerte de Pepe Martínez, en 1981. Yo tenía en ese entonces 24 o 25 años, era muy joven y definitivamente esta experiencia me marcó para siempre. Al final, las pérdidas de nuestros seres queridos nos hacen madurar y ver las cosas de diferente manera.

Aquella ocasión Chivas jugaría de visitante contra Puebla. Un día antes del encuentro volamos a la Ciudad de México, aterrizamos a la 1 de la tarde, el camión oficial hacia Puebla ya estaba esperándonos, recuerdo que algunos acostumbrábamos a comernos unos lonchecitos muy ricos de pierna y chistorra que vendían adentro del aeropuerto. Ya en el camión salimos por la Calzada Ignacio Zaragoza y agarramos camino rumbo a Puebla. El camión era como cualquier otro, tenía cuatro asientos por fila, dos de cada lado, y al frente, unos cuantos, de un solo pasajero, esos eran los más peleados porque daban oportunidad de acostarte. También, en ocasiones, agarrábamos unas colchonetas y las extendíamos en el pasillo que apenas cabían, o entrelazadas entre asientos para dormirnos un rato en el camino.

Así fue aquel día, yo agarré un buen lugar, me acosté y me quedé dormido. Todo lo que pasó después lo sé por pláticas con los compañeros, especialmente con Anacleto Macías "Tolán", también que en paz descanse, él me contó que ya habíamos agarrado carretera cuando ocurrió el accidente. En ese tiempo no había barra de contención que separara los carriles de ida y vuelta en la carretera, simplemente estaban delimitados por un sendero de arbustos.

La carretera México-Puebla está llena de curvas, de bajadas y subidas peligrosas. Fue justo en una de estas bajadas cuando nos encontramos de frente con una pipa que había perdido el control y que acabó estrellándose con nosotros del lado izquierdo, destrozando el camión desde la tercera fila de pasajeros (que es donde yo estaba) hasta la última; la pipa acabo incrustándose en las ventanas del camión. Gracias a Dios, yo iba acostado en el asiento, no iba recargado en el vidrio, por eso no me pasó nada. Dicen que, de no haber sido por nuestro chofer, la pipa se hubiera impactado de lleno con nosotros, porque el chofer, al ver lo inevitable y por mero instinto de vida, pudo virar a la derecha y evitar el choque de frente. Desgraciadamente, en el penúltimo asiento venían Pepe Martínez y Hugo Díaz. Pepe venía recargado en el vidrio y la parte de aluminio que sostenía el vidrio de la ventana, al momento del impacto, se desprendió creando una cuchilla que acabó con la vida de mi compañero al perforarle la cabeza, una cosa espantosa.

Yo no lo vi, no quise verlo. Pero me contaron que el "Hijín" Cárdenas, todavía aturdido por el impacto intentó despertar a Pepe, lo abrazó para incorporarlo y se encontró con la cabeza destruida de Pepe, algo brutal, fue una impresión durísima, se bajó del camión en completo estado de shock, todo estuvo muy, muy fuerte. Que en paz descanse; tambien el "Hijín" Cárdenas quien murio apenas en 2022.

Cuando desperté yo no sabía qué había pasado, ya me habían bajado del camión, supongo que me desmayé al momento del impacto, no sé quién me bajó, no sé cuánto tiempo llevaba ahí, no recuerdo casi nada, estaba en un estado también de shock, me sentía ido, como si todo lo que estaba pasando no fuera real, veía las cosas en cámara lenta, escuchaba las conversaciones, los gritos y el llanto a lo lejos.

Lo que me regresó a la realidad fueron las palabras de mis compañeros: "¡Se murió! ¡Se murió! ¡Pepe murió!" Corrí de nuevo al camión, queriendo encontrarme con que todo era una mentira, ¡no podía ser verdad!, pero todo se me derrumbó al ver el cuerpo de Pepe ya cubierto con una sábana o una toalla blanca al fondo del camión.

Todo era un caos, el camión estaba como si lo hubieran bajado con una grúa en una cuneta tres metros por debajo de la carretera, en una posición como si lo hubieran agarrado con las manos y puesto ahí, perfectamente alineado a la carretera, no se volteó, pero tenía los vidrios destrozados del lado izquierdo y las dos llantas delanteras zafadas.

No sabíamos qué hacer, faltaban unos 45 minutos todavía para llegar a Puebla y estábamos en medio de la carretera, pero gracias a que traíamos el pants de las Chivas, un equipo sumamente conocido en todo México, muchas personas se acercaron a ayudarnos, tal vez también por morbo, no lo sé, pero el caso es que muchos carros se pararon para ayudarnos.

En ese tiempo el entrenador era Diego Mercado, él dio la indicación de que nos fuéramos en los carros que nos dieran *raite* directo a un hospital. Llegó también la Cruz Roja y las ambulancias, creo que ninguno tuvo la necesidad de irse en ambulancia, salvo algunos que habían sufrido cortadas por los vidrios al momento del impacto, porque todas las ventanas estallaron, como si hubiera pasado una sierra enorme cortando por la mitad. Yo, gracias a Dios, no tuve ninguna lesión, salvo el susto, así que me subí en un carro y nos llevaron al hotel en Puebla donde íbamos a hospedarnos previo al partido.

La noticia se extendió, empezó a llegar más gente, el equipo estaba deshecho anímicamente, estábamos convencidos de que el partido tenía que suspenderse; perder a un compañero de la forma en la que nos pasó es algo que no le deseo a nadie. Y algo curioso, la vida es canija, creo que el debut de Pepe fue contra el equipo de Puebla, y su último partido iba a ser, de nuevo, contra Puebla.

Una vez que estuvimos todo el equipo reunido en el hotel, fuimos a cenar con mucho pesar, los directivos ya se estaban encargando del traslado de Pepe para llevarlo con su familia.

Al día siguiente recibimos una indicación por parte de la Federación Mexicana de Futbol anunciando que el partido se cancelaba. Regresamos a Guadalajara devastados, tomamos algunos días para acudir a los servicios fúnebres de Pepe, muy tristes, fue un funeral con muchísima gente, acudieron bastantes aficionados que le tenían mucho cariño, porque en ese tiempo Pepe estaba brillando enormemente.

Meses antes del accidente habíamos ido a jugar a Los Ángeles, se acostumbraban estos amistosos para practicar y convivir con nuestros hermanos que trabajan del otro lado. Jugamos en el Memorial Colliseum, un estadio precioso, enorme, donde cabían 120,000 aficionados, y justo en este partido había unos 100,000, ¿por qué? Porque el encuentro era Chivas contra el Argentinos Juniors, ¿quiénes eran los Argentinos Juniors?, el equipo que vio nacer a Maradona. En ese tiempo Maradona empezaba a figurar, estaba empezando a ser el chico maravilla y por eso aquel partido era la atracción.

¿Por qué recuerdo tan bien el partido? ¡Porque fue el partido de Pepe Martínez, con todo y Maradona!, creo que fue uno de los mejores partidos de su vida. Mucha gente que fue a ver a Maradona, acabó viendo a un Pepe Martínez en su mejor expresión. Al día siguiente los medios, claro, hablaban de Diego Armando Maradona, pero también se centraron mucho en Pepe por la calidad que mostró en ese juego. De por sí Pepe traía muy buen nivel, ese partido lo jugó espectacular, ¡parecía que el Maradona era Pepe y no Diego! Hay que recordar que eran los inicios de Diego, que algún día sería uno de los mejores jugadores del mundo y de todas las épocas, si no es que el mejor. A mí me tocó jugar tres o cuatro veces contra él y tenía un talento extraordinario, un toque de balón como pocos y un juego privilegiado, aparte fui compañero de él en un partido de leyendas, en Pasadena, California.

Tuve muy buena relación con Pepe, él era muy serio, de vez en cuando se echaba sus chascarrillos, pero en general era muy penoso, venía de un pueblito de por acá, Santa Cruz de las Flores, y su partida me dolió mucho, fueron meses, quizá años de tristeza, de extrañar a un gran jugador, un gran compañero, amigo y un excelente ser humano.

El partido que siguió no recuerdo contra quién fue, pero sí tengo todavía la sensación de tristeza, no sólo extrañábamos al gran compañero y amigo que fue Pepe, también se sintió su ausencia en la cancha, repito, Pepe traía mucho nivel al momento del accidente, y yo creo que aquel primer domingo sin él fue dedicado por parte de todos los jugadores a su memoria. ¡Saludos al cielo, querido Pepe!

Regresando al tema Bora Milutinovic, es una persona muy especial, tiene una personalidad única, él me apoyó en muchos aspectos de mi carrera, por ejemplo, dándome la oportunidad de ser titular en la Selección, pero también anímicamente platicando conmigo. Algo chistoso del señor Bora es que ya tenía años en México y seguía con su acento, yo le decía: "Señor, ya tiene como 30 años en México y sigue hablando igual, como hablan allá en su país", él sólo se reía, había mucha confianza entre los dos

Fue un entrenador muy capaz, muy analítico, un entrenador que siempre que íbamos a jugar contra un rival tenía ya un video analizando las jugadas, los partidos, las posibles alineaciones. ¿Cómo le hacía? No lo sé, pero me imagino que una empresa como Televisa, yo creo, le ayudaba mucho para conseguir ese tipo de videos con algunas televisoras en diferentes partes del mundo. Por ejemplo, si íbamos a Japón, tenía algún video de partidos japoneses, si íbamos a Corea, tenía algo del equipo coreano, si íbamos a Francia de igual manera; es más, hasta me acuerdo que de Irak consiguió grabaciones.

Bora es una persona que se fijaba hasta en el más mínimo detalle en todos los aspectos, era muy dedicado a su trabajo, hasta cuando estaba sentado en la mesa, comiendo, platicaba contigo de lo que quería en la cancha, en qué estabas fallando y cómo lo podías mejorar, por eso digo que él me ayudó mucho con sus enseñanzas.

Otra cosa que me acuerdo del señor Bora es de las estrategias que tenía, una de ellas fue la semana previa a empezar el Mundial, había mucha tensión, nosotros estábamos concentrados en la Celanese, allá en Toluca, y el señor Bora para quitarnos la tensión, el estrés, los nervios y todo eso previo al Mundial, invitó a diferentes personalidades del medio artístico, eso no lo sabíamos, por lo mismo nos cayó de sorpresa. Una cosa parecida a lo que hizo Jimmy Lozano en la selección cuando llevó a Platanito.

Total que una semana previa al Mundial, nosotros muy tensos, nerviosos, estábamos cenando cuando nos dijo el señor Bora: "Los veo en el auditorio", porque tenían un auditorio muy bonito, chiquito, para juntas de sus empleados. Llegamos todos, ¿y quién creen que nos recibió? ¡Mario Moreno, "Cantinflas"! Todos estábamos sorprendidos, yo lo había visto en películas, pero nunca en persona. Nos sentamos y empezó a platicar con nosotros, con el estilo muy peculiar que tenía don Mario Moreno "Cantinflas", bromeando nos dijo: "Yo no sé por qué razón están nerviosos" ¡¿Pues cómo no vamos a estar nervioso?! Vamos a jugar un Mundial. Y él platicó con nosotros, con todas esa bromas que lo caracterizaban, casi una hora, de sus anécdotas, de todo lo que había hecho en el cine, en fin. Ya al final nos dijo: "Si alguien quiere hacerme una pregunta, puede hacerlo", yo levanté la mano: "Don Mario, ¿cuál ha sido su mejor película?", y él, con su peculiar estilo, contestó: "La que no he hecho". Y, ¡claro!, todas habían sido buenas, "al buen entendedor, pocas palabras". Eso fue muy padre porque nos quitó muchos nervios y estrés, al otro día amanecimos muy relajados, así es el señor Bora.

Y hay algo que me acuerdo perfectamente de él, porque lo disfruta mucho, hasta la fecha lo sigue haciendo. Él vive intensamente, le gusta viajar, es un trotamundos, conoce gran parte del mundo, vive viajando de un lugar a otro, ahorita creo que está en Qatar. Es muy inquieto, si por él fuera, yo estoy seguro que ya estaría trabajando con alguna otra selección, pues es un entrenador que ha tenido cinco o seis selecciones, ha dirigido varios Mundiales con diferentes equipos, con el de Estados Unidos, de México, China, Costa Rica, Nigeria, por decir algunos.

También es una persona muy humana, me acuerdo que me contaba lo que experimentó en la guerra cuando estaba chico, me decía: "Fernando, mis baños son de un minuto o dos, y yo veo que ustedes duran diez minutos bañándose, yo carecí mucho de agua y veo cómo la desperdician", y lo entiendo, él vivió muchas cosas en la guerra. Me acuerdo que en México traía un Volkswagen y se veía chistoso, pero era padrísimo porque decía que no necesitaba más, que con su carrito iba y venía a todos lados.

Otra anécdota que tengo con Bora, de mi etapa en la Selección, fue una ocasión en la que estábamos haciendo un campamento de altura en la Malinche, cerca de Tlaxcala, en unas cabañas donde iban muchos deportistas, sobre todo los corredores y los que hacen marcha, es un lugar muy bonito del Centro Olímpico Mexicano o algo así, total que nos lo prestaron y estuvimos entrenando muy bien, haciendo altura en el volcán y todo muy padre; me acuerdo que el último día, para cerrar el campamento, el señor Bora y el preparador físico, Edmundo Potzervolzky, nos dijeron: "Muchachos, mañana vamos a subir el volcán hasta llegar a la cruz y luego bajamos, ése va a ser el entrenamiento", ¡ándale!, ¿cuánto íbamos a tardar en subir hasta allá?, no es algo fácil. Nos llevaron a unos especialistas, alpinistas, escaladores profesionales, y a personal de la Cruz Roja para darnos una plática de cómo le íbamos a hacer.

Nos dieron una plática de media hora y nos dijeron: "Les recomendamos que se lleven una chamarra porque va a hacer frío cuando estemos arriba", nosotros, en aquel entonces, jóvenes e inexpertos, pensamos: "¡Qué nos va a dar frío!, vamos a andar cargando la chamarra medio camino, mejor ni me llevo nada". Otra cosa importante que nos recalcaron los guías: "Nos vamos a dividir en dos grupos, pero vamos a ir a una distancia de 10 o 15 metros entre cada grupo, es importante que no perdamos la visibilidad y el contacto para ir todos y regresar todos".

Llegó la mañana, nos llevamos una botellita de agua, yo en lo personal pensé: "Si me llevo chamarra, a los 10 minutos me la voy a quitar, y luego andar cargándola toda la subida, *ni mais*, mejor me llevo una ligerita". Cada quien se llevó lo que quiso e hizo lo que mejor le parecía. Comenzamos a caminar, los dos guías nos insistieron en que no nos separáramos, esa fue una recomendación muy marcada, me acuerdo como si fuera ayer: "No nos vamos a separar, todos juntos, todos juntos". Después de una hora, a lo mejor más, a lo mejor menos, no quiero inventar cuánto, porque puedo quedar mal con la gente que sí sabe, pero ya son tantos años que la memoria me falla, el chiste es que ya se veía la puntita de la cruz a lo lejos y muchos, la mayoría, ya andábamos muy cansados. Entonces los guías nos preguntaron: "Muchachos, ¿cómo andan? ¿Quién quiere seguir y llegar hasta arriba? Los que ya no puedan, no importa, vayan bajando con el otro guía", llevábamos como dos horas caminando de subida y faltaba una media hora para llegar a la cruz. Ahí el grupo se dividió, algunos decidieron regresar y yo, medio indeciso dije: "Chingue su…, voy a seguir", sin saber lo que iba a pasar después.

Avanzamos, ya mero llegábamos, había que cruzar una vereda muy estrecha, como de un metro y medio de ancho ya exagerando, lo gacho es que, si volteabas a los lados, veías el precipicio, pura piedra, pura piedra de ambos lados, me dio un vértigo terrible, ahí descubrí mi miedo a las alturas. Estaba a punto de desistir, pero dije: "Ya llegué hasta aquí, vamos a seguir", y lo que hice fue hincarme y, a gatas, llegué hasta la cruz, fueron los 35 metros más peligrosos y estresantes que había pasado hasta ahora. Una vez arriba, creo que dejamos una bandera y emprendimos el camino de regreso.

Ya íbamos muy cansados, siguiendo al guía de bajada, y no me pregunten por qué, pero de repente, el grupo se separó, no sé si nos tardamos y el guía se adelantó o si nosotros tomamos otra vereda, no sé, pero la mitad de los compañeros que íbamos en ese grupo, quedamos separados y perdidos en la Malinche. Empezamos a caminar, 10 minutos, 20, 30, una hora y nada, sólo veíamos a lo lejos, muy lejos, la ciudad de Tlaxcala, o al menos eso creíamos. Seguimos caminando otra hora y media, desesperados ya, a mí me entró mucho miedo. Lo bueno es que salimos a las 7 de la mañana, muy temprano, si hubiéramos salido más tarde a lo mejor nos agarra la noche ahí y quizá ya no estaríamos aquí. Llegamos a la cumbre a las 9, cuando nos perdimos, le calculo que era la 1 o 2 de la tarde.

Estábamos muy, muy cansados, pero no parábamos de caminar, y aquí es donde digo que vino el ejemplo para muchos de nosotros. Yo creo que iluminados por allá arriba, en una de esas, nos encontramos la vereda por la que habíamos subido, y todos, sin excepción, los 15 o 20 que habíamos estado perdidos, comenzamos a trotar de la alegría por haber encontrado el camino, empezamos a trotar ¡siendo que tres minutos antes ya no podíamos ni caminar!, se nos olvidó que estábamos cansados. Bora después comentó en una plática la enseñanza que esta experiencia nos dejó: "Muchachos, acuérdense, no se den por vencidos, por más cansados que estén".

Alcanzamos a los demás compañeros, dos o tres horas después de que el primer grupo había llegado. Ahora lo entiendo, nosotros cometimos la estupidez de separarnos de los demás, y vivimos tres horas demasiado estresantes, pero muy aleccionadoras, porque cuando vimos el camino y empezamos a trotar, sacamos un segundo esfuerzo que no sabíamos que teníamos, Bora también lo dijo: "Cuando estés cansado, cuando ya no puedas, acuérdate que todavía hay un poquito más para sacar". Fue una experiencia real la que vivimos 36 personas de la Selección, entre jugadores y cuerpo técnico, algo que fue muy padre, pero también una experiencia muy difícil, algo que no se lo deseo a nadie. Me viene a la mente la historia de los sobrevivientes de los Andes que, por cierto, vinieron a dar una plática acá a Guadalajara, algo increíble lo que vivieron ellos. Pero en fin, ésa es una experiencia que recuerdo siempre con respeto y de la cual aprendí muchísimo.

A la fecha, Bora y yo nos seguimos hablando una vez al mes, a veces dos, a veces más seguido, me habla él o le hablo yo: "¿Cómo está México? ¿Cómo está la Selección? ¿Como van tus Chivas?" Hace poco estuvo aquí Paunovic, tengo entendido que es su paisano, se conocían, y Bora me hablaba para preguntarme cómo estaba, cómo la había ido en el equipo, cómo jugaba, en fin. Eso sí, tiene una excelente memoria, como pocas personas en el mundo, una memoria increíble, me decía: "¿Te acuerdas cómo se hizo el segundo gol de Holanda contra México?" "¡Ay, caray!, no, señor Bora, la verdad no me acuerdo". O me decía: "¿Te acuerdas del gol que hiciste con Alemania Democrática en la gira que tuvimos?" "¡Ah, de ese sí me acuerdo!, señor Bora, porque fue uno de los mejores goles que he metido en mi vida". Fue en un tiro que pegó en la barrera, no sé si fue Luis Flores quien cobró la falta, rebotó en la barrera y me encontró atrás, a la altura del tirador, como tres o cuatro metros afuera del área grande, y yo, recuerdo que sin dejar que botara el balón le pegué con el empeine, la pelota pasó por arriba de la barrera, hizo una comba hacia abajo y entró en el puro ángulo. Creo que ganamos 2-1 contra la Alemania Democrática de aquel entonces. Fue un gol padrísimo y me alegró mucho recordarlo ese día que tuvimos la plática.

Ya estando como parte del cuerpo técnico de Bora, siempre que llegábamos a un país diferente, se iba adelante en el camión de la Selección y empezaba a grabar, grababa edificios, la ciudad, todo. Me imagino que para después enseñárselo a su hija Darinka, no sé, pero siempre lo hacía. Y otra anécdota que mi esposa recuerda muy bien fue que gracias a él conocimos, tanto ella como yo, varias partes de Europa.

En una de las giras que teníamos con la Selección en Londres, nos pusimos de acuerdo Aurelio Martínez, que era compañero mío en Chivas y que era directivo de la Selección, para llevarnos a nuestras esposas, pedimos permiso por supuesto, como éramos parte del cuerpo técnico no hubo problema. Entonces, Carlos de los Cobos llevó a su esposa, Aurelio Martínez y yo también, no sé si algún otro jugador, porque ya se acababa la gira y nos tocaba regresarnos.

Una gira en la cual perdimos en el Estadio de Wembley contra Inglaterra, y como dato curioso, ese estadio me pareció bellísimo, ya lo destruyeron y reconstruyeron, pero era una cosa hermosa; también me impresionó uno en Japón, algo muy tecnológico, así como son ellos. Retomando, ya nos íbamos a regresar y mi esposa me propuso quedarnos unos días más para conocer París, yo le dije que no tenía ganas. La verdad a mí los aviones y los viajes ya no me gustaban, había tenido la fortuna de viajar muchos años gracias al futbol, y los viajes largos ahora me pesan muchísimo, no por flojo, sino que ya me pesan. Entonces me acuerdo que mi esposa le dijo: "¿Cómo ve, señor Bora?, mi marido no se quiere quedar a conocer", y creo que sus palabras fueron: "¿Cómo que no te quieres quedar hijo de… tal por cual? ¡Ahora te quedas porque te quedas! Tu esposa no conoce Inglaterra, no conoce esto y el otro". Y ni modo, ahí me tienen cambiando el boleto con la gente de la Selección para quedarnos cuatro días más. Conocimos mucho mejor París, en la noche fuimos al show Lido de París, al otro día nos fuimos, no sé si a Inglaterra o algo más cerca, pero así estuvimos paseando cuatro días más. Fue algo muy padre.

Después del Mundial de México 86, como a los 15 días, se hizo un juego de estrellas, un partido de celebridades en Pasadena, California. Los entrenadores iban a ser Carlos Bilardo, y Bora como asistente. El señor Bora tuvo la atención de invitarme, fuimos creo que tres de México, si mal no recuerdo, fue Negrete, Servín y su servidor. Tengo una foto padrísima durante un partido donde estamos celebrando un gol Maradona, Cabañas y yo. Eran las estrellas de América contra Europa, jugadores que habíamos estado en ese Mundial y fue gracias al señor Bora que yo pude estar ahí.

Después de eso, ya no me acuerdo si estaba jugando todavía o ya no, creo que no, ya estaba de entrenador, pero todavía andaba con buena edad, y ¡ándale!, que me llama y me dice: "Fernando, te quiero invitar a un juego de estrellas en la despedida de Oleg Blokhin", quien fue un excelente jugador, haz de cuenta que estás hablando de Hugo Sánchez pero de Rusia, un jugadorazo. La cosa era que el partido iba a ser en Kiev, antes Rusia, ahora Ucrania. "Ah, caray, aquí cerquita señor Bora", que por cierto, ahorita que triste con todo esto de la guerra en esa región. Bueno, la verdad como dije antes, a mí los viajes largos no me gustan y, siendo sinceros, me daba mucha flojera viajar hasta allá, pensaba: "Híjole, irme hasta Kiev, voy a tener que tomar dos, tres aviones, qué flojera". Llegar con escala en Alemania, entrar por Frankfurt y agarrar otro vuelo a la, en aquel entonces, Unión Soviética.

Me daba flojera, pero hablé con mi esposa y ella me dijo: "Aprovecha la oportunidad, es para tu currículum, lo vale". Total, que me animé, se pusieron en contacto conmigo los de la FIFA, me mandaron los boletos y arreglaron todo. Y aquí me pasó algo que no volvería a hacer en mi vida, cometí el error de llevarme mis zapatos de futbol en la maleta que va abajo en el avión, ¡debería habérmelos llevado en una maletita conmigo, arriba!, porque era mi material de trabajo, lo más importante para un futbolista. Y, ¡ándale!, que llego a Rusia y cuando íbamos de camino a entrenar, quise sacar mis zapatos y no los encontraba, ¡me los robaron!, afortunadamente nada más me robaron los zapatos. Le platiqué al señor Bora y le dio muchísima risa, me dijo: "No te preocupes, aquí van a venir representantes de Puma y de Adidas", porque habían muchos jugadores y tenían patrocinios, así que les llevaban ropa y de todo. Me encontré al representante de Adidas y le platiqué lo que me había pasado, esta persona, muy amable me dijo: "No te preocupes, ¿de cuál calzas?", y asunto resuelto.

Ahora quiero decirles algo: lo peor que puedes hacer es estrenar zapatos en un partido de fútbol, es lo peor que puedes hacer como futbolista, pero no me quedó de otra más que doblarle la suela y ponerle agua para que aflojaran, así estuve en el entrenamiento. Ya se imaginarán, ¡me salió una ampolla que, jijo! Lo peor para un jugador y para cualquier corredor son las ampollas, porque duelen y molestan.

Al día siguiente, los dos entrenadores eran Bora y Franz Beckenbauer y la verdad, fue un honor haber sido dirigido, aunque sea un partido por él. Me acuerdo perfectamente las palabras que dijo antes de dar la alineación, las dijo en inglés y Bora las traducía para nosotros: "Muchachos, lo más difícil para un entrenador es poner los primeros 11 jugadores, y dada la calidad de los 22 que tengo aquí, con ustedes, ¿qué les puedo decir? Voy a escoger 11, pero no porque uno sea mejor que el otro, simple y sencillamente porque tengo que escoger 11 ¿okey?", ¡Claro!, ¿qué le ibas a decir a un cuate como Beckenbauer?, campeón del mundo. Total, me tocó la fortuna de estar en esos primeros 11 y me acuerdo que a los 25, 30 minutos, ya andaba de puntitas, eran unas ampollas en la parte del talón que no aguantaba por haber estrenado zapatos. No sé cómo le hice, pero aguanté el medio tiempo, y ya en el medio tiempo, lógico, se harían muchos cambios, y dije: "Está bien, de todos modos ya no pensaba jugar más". Y sí, efectivamente salí de cambio.

Al día siguiente me regresaba. Terminando el partido, creo que fue en la noche, no me acuerdo bien a veces con el cambio de horario te destanteas, le hablé a mi esposa y le platiqué cómo nos había ido, perdimos 2-1, pero estuvo lleno el estadio, muchos soldados fueron a ver el partido, yo creo que invitados por Mijaíl Gorbachov, un ídolo en Rusia. Hablé con mi esposa y le dije que me regresaba al otro día, ella me respondió: "¡¿Cómo que mañana te vienes?, ¡estás al otro lado del mundo! ¿Por qué no aprovechas y conoces algo de por ahí?" "¡No, no, no!", le contesté. Con la Selección, gracias a Dios y no es petulancia había conocido muchas partes del mundo, que si bien fue padrísimo, no las conoces bien porque estás nada más en el hotel, vas al entrenamiento, regresas, juegas en el estadio y luego te vas al día siguiente, a veces tienes una hora para salir a algún *shopping* o algo y al día siguiente vas de camino al aeropuerto. Tenías dos o tres horas para salir a caminar y conocer el centro, pero realmente no es conocer como cuando vas de vacaciones, son viajes muy pesados, agitados y a mí ya no me daban ganas de ir de un lado para otro, y menos solo, a mí no me gusta estar solo.

Pero mi esposa me convenció, hablé con los organizadores y les pregunté si había chance de cambiar mi vuelo e irme yo solo, pagando mis gastos a otros lados, "Claro que sí, ¿a dónde quieres ir?", "quiero conocer bien Frankfurt, Alemania, o algunas ciudades de por ahí", y me cambiaron mi vuelo. Cuando le platiqué al señor Bora le dio mucho gusto, me dijo que no me podía acompañar porque se iba a ir a Serbia.

Y ahí me tienen, llegué a Frankfurt, busqué un hotel y me salí a caminar al centro, me metí a una tienda de Adidas a comprar un pants de la selección alemana que estaba muy bonito y de ahí me fui a tomar una cerveza típica de los bares de allá, muy ricas, por cierto. Al día siguiente me levanté y fui a conocer la ciudad, pero la verdad, a las 12 horas ya estaba enfadado, estaba aburrido, porque no soy un buen turista, es difícil para mí. Luego creo que me fui a una ciudad, ya no recuerdo el nombre, y de ahí ¡vámonos de regreso!

Lo que sí me impactó conocer fue el muro de Berlín, viajé años antes con la Selección en un partido amistoso y me acuerdo que yo me imaginaba el muro de Berlín enorme, como la Muralla china, y cuando pasamos en el camión me di cuenta que no, que era de unos tres o cuatro metros de alto, un muro con alambrado, y en la parte donde pasaba algún río, ponían rejas que te impedían el paso.

Me acuerdo que llegamos a Berlín, a la República Democrática y fuimos a un edificio muy alto, ahí sí me llamó muchísimo la atención, no sé si era la nostalgia o no sé qué era, pero ese edificio tenía telescopios, de esos que les pones una moneda y ves a lo lejos, estaba a cinco metros del muro de Berlín, y yo veía mucha gente viendo hacia el otro lado de Alemania, la Alemania Occidental. Era bien curioso, en el tiempo de la guerra quedaron divididas familias, mucha gente quedó de este lado, ya no pudo pasar, en ese entonces todavía no habían tumbado el muro, entonces yo metí mi monedita y empecé a ver la otra Alemania, me sorprendió mucho cómo 20 metros dividían el lado socialista del capitalista y separaban familias, algo muy impresionante.

No me malentiendan, agradezco la oportunidad, pero ya había viajado mucho en el pasado, como lo he repetido a lo largo de este libro ¡bendito futbol! que me dio la oportunidad de viajar a varias partes del mundo, desde Irak, Egipto, Katmandú, Nepal, Japón, Corea, París, Alemania, España, Honduras, Guatemala, El Salvador, Ecuador, en fin, todo Centroamérica, Sudamérica y grandes partes del mundo, todo gracias al futbol.

Recuerdo en especial una gira muy larga que hicimos de preparación para el Mundial, estuvimos en Alemania donde metí ese golazo, modestia aparte: en la República Democrática Alemana; fue una gira muy intensa, con muchos más países, Hungría, Finlandia; después nos pasamos a África, a Egipto; luego Asia, Irán, Irak, Nepal, Katmandú, eso sin contar Centro y Sudamérica.

Nuevamente, agradezco mucho al futbol porque me permitó conocer muchas partes y culturas del mundo totalmente diferentes a las de nosotros. En Egipto nos llevaron a conocer las pirámides y hasta tomamos un tour en camello, fue una situación bien chistosa, algo padrísimo porque nos reíamos todos los compañeros al ver la cara de espanto del valiente que se subía al camello.

Otra anécdota padre fue en Irak, es un país que tiene muchas reglas, y había lugares donde no podíamos ni hablar porque a cierta hora ellos rezan, y en toda la ciudad suenan sus oraciones a través de unas bocinas grandísimas, y me acuerdo que durante un partido tuvimos que suspenderlo por unos minutos porque era la hora de la oración, entonces todo el estadio se hincó y comenzó a rezar, lo mismo la tribuna, los jugadores, el cuerpo técnico, todos se hincaron y rezaron por algunos minutos, algo curiosísimo.

En Finlandia conocimos a un joven que nos acompañó por todos lados, se llama Yuja, un fotógrafo de talla internacional que nos trajo de aquí para allá, padrísimo, conociendo y tomando fotos.

Con la Selección siempre viví cosas increíbles, a veces salíamos a pasear o a conocer las ciudades donde íbamos a jugar, donde había más chance por la cercanía y por los promotores que estaban ahí, era en Estados Unidos, porque casi siempre se jugaba un solo partido y la ida y la vuelta estaban programadas con tiempo. Por ejemplo, en una ocasión fuimos a Los Ángeles a jugar contra una selección, podía tocar con Guatemala, Honduras, Argentina, incluso Suecia. Por alguna razón, nos invitaron a ver a los Dodgers, donde en aquel entonces estaba triunfando un mexicano, Fernando Valenzuela, muy conocido y famoso todavía, aunque murió hace unos meses; pero después de retirarse trabajó en esa institución, no sé si en las fuerzas básicas o como *scouting*, no sé, pero siguió dentro de esa organización. Y en ese tiempo era el ídolo de los Dodgers, y de los mexicanos en general, hagan de cuenta ¡como el Canelo!, era el *boom* del deporte en México.

Me acuerdo que fuimos al partido, bajamos a la cancha antes de que el equipo empezara a calentar o cuando ya estaban calentando, la memoria me falla, estuvimos con él y con su entrenador Tom Lasorda, nos tomamos una foto y la pasamos padrísimo, estuvimos con la gente, muy padre, nos reconocían y se nos acercaban para pedirnos la foto o el autógrafo, en fin, un ambiente increíble. No pudimos terminar de ver el partido porque a veces se alargan y nosotros jugábamos al día siguiente.

Y fíjense cómo son las cosas, años después, ya retirado, Fernando Valenzuela, ídolo mexicano, vino con los Charros de Jalisco a inaugurar la Liga de béisbol, yo en ese entonces era director del Consejo Estatal para el Fomento Deportivo (CODE Jalisco), y me tocó también inaugurar la Liga en Guadalajara, no me acuerdo si fue Charros contra Diablos de México, pero fue grande mi sorpresa cuando vi llegar a Fernando Valenzuela, un tipazo, nos quedamos un rato platicando y recordamos juntos aquel partido en Los Ángeles. Ese día le pedí una pelota de béisbol firmada, que me robaron años después, ¡qué coraje me dio!

Aprendimos mucho, conocimos otras culturas, religiones y comidas, también diferentes formas de vestir y de pensar, al final aprendes, todo te sirve en la vida. Pero, eso sí, yo me quedo con la comida mexicana, no la cambio definitivamente por nada.

Todo esto ayudó mucha a la integración del grupo con el señor Bora, bien comandados con un cuerpo técnico fabuloso, Miguel Mejía Barón, Héctor Sanabria, Marín el "Profesor", que era un gran preparador físico. Se logró conformar un gran equipo porque pasábamos un mes juntos y luego un descanso de, a lo mejor un mes, después otra gira, y creo que eso fue parte del éxito para que la Selección de México 86 hiciera algo histórico, porque quiero resaltar el hecho de que es la única que ha pasado al quinto partido en un Mundial, y con mayor alegría que haya sido justo en México, donde la gente lo disfrutó al máximo. Ese Mundial, insisto, fue algo que quedará grabado en mi corazón y en mi mente, sé que hay mucha gente de mi edad que todavía se acuerda de ese Mundial y de sus goles, quizás los millennials no sepan mucho de esos años y estén enterados solamente por los videos en YouTube o por lo que les cuentan sus papás o sus abuelos, pero la gente de nuestra edad o quizás un poquito menos, todavía se acuerda muy bien y viven como yo la emoción de aquella época dorada. Hay amigos que todavía me platican cómo lo vivieron y me causa mucha emoción que a la fecha recuerden ese momento tan importante en nuestra vida, es un agradecimiento total a todas las personas que disfrutamos aquellos años.

Pero regresando al tema de los viajes, me cuesta mucho trabajo ahorita tomar un avión e irme lejos, mi esposa y mis hijos me tienen que insistir mucho para que vayamos de paseo. Aunque desde hace varios años hemos prometido hacer un viaje juntos, lo estuvimos haciendo casi cada año, y cuando las finanzas nos dan, vamos a diferentes lugares. Este año tenemos preparado uno más cerquita, aquí en Estados Unidos, pero todo en familia, y es padrísimo.

El señor Bora es una persona que preparaba bien al equipo, analizaba al rival, te daba mucha libertad de acción, corregía defectos que te veía él como entrenador, a mí en lo personal me ayudó a perfeccionar muchas cosas. Bora es un excelente ser humano.

De todos mis entrenadores me llevo algo, tengo un poco de todos, cada uno tiene su importancia y mi agradecimiento, por ejemplo, Horacio Troche me inició en el futbol y me dio la oportunidad de jugar en primera división; antes que él Diego Martínez en el Tapatío cuando recién llegaba, y de ahí hacia arriba. Una persona que me consolidó fue

Diego Mercado, él me puso de defensa central; luego tenemos a Nacho Trelles, a quien le aprendí mucho en el año que estuve con él, porque es un señor que conocía mucho de fútbol, tenía mucha experiencia y muchas vivencias; lógico, debo mencionar a Alberto Guerra, con quien tuve mis mejores años y fui campeón con Chivas; sin dejar de hablar de Carlos Miloc, quien también fue parte importante. Cada uno me dejó una grata enseñanza, todos son especiales en ese aspecto, pero creo que el señor Bora, don Diego Mercado y Alberto Guerra fueron los que, prácticamente, me formaron, sin olvidar a Diego Martínez, porque él me dio la primera gran oportunidad en el futbol amateur, de ahí el tiempo pasó rapidísimo. Guardo con gran cariño también a mi tío Enrique, quien me llevaba a la granja con todos mis primos a jugar futbol y vio mis primeros pasos en este maravilloso deporte. Como les decía, la misma semana que fui a probar con él, esa semana me pidieron papeles para debutar en el interescuadras. Entonces, mi ascenso fue: un año en Tercera División, medio año en Segunda, que es cuando me vio el señor Horacio Troche, y luego a Primera. En un año y medio pasé de Tercera a Primera división, cuando a veces los procesos son tres, cuatro o cinco años para llegar. Yo tenía como 17 años cuando empecé con esto y sí: ¡Bendito futbol!

8. ¡El Sheriff para presidente... deportivo!

Durante un tiempo estuve metido en la política, ¡ah, cabr…! Más bien, me desempeñé en distintos cargos administrativos dentro del Gobierno de Jalisco, el primero fue cuando me invitaron para dirigir un programa que se llamaba DIA (Desarrollo Integral del Adolescente), era un programa que venía del DIF Jalisco y brindaba apoyo psicológico para el desarrollo integral de la familia, era un programa que hacíamos en las colonias de bajos recursos, donde íbamos y platicábamos con los niños, les dábamos clínicas de futbol o de básquetbol, con maestros y especialistas en la materia, todo muy bien organizado.

Un día de esos, creo que fue en el segundo mes de haber tomado posesión, me dijo la hija de don Guillermo Cosío Vidaurri, Gobernador del Estado, quien manejaba este programa del DIF: “Fernando, vamos a inaugurar el programa y va a venir la esposa del señor Presidente Carlos Salinas de Gortari, la señora Cecilia Occelli de Salinas, quiero que hagamos un evento bonito", y ahí nos tienen, haciendo una logística con globos muy bonitos de los colores del programa, que eran blanco y anaranjado. Llegó la señora, la recibimos y se inauguró el programa, y fue muy bonita experiencia porque la conocí, era muy agradable; siempre es interesante conocer a las esposas de los presidentes. Ella vino de México a otros eventos, pero aprovechó para hacer esta inauguración, cosa que en lo personal me dio mucho gusto porque reconocían que este programa estaba siendo interesante para la gente.

Otro día me hablaron de parte del señor gobernador, su secretario particular, el licenciado Carlos Rivera Aceves, para que me presentara al día siguiente, a las 7 de la noche, en el Hotel Camino Real porque tenía que acompañar al señor presidente Carlos Salinas de Gortari que quería correr con unos amigos a la Unidad Deportiva Revolución. Llegué 15 minutos antes, por esto de los protocolos que tienen. Me quedé con los del Estado Mayor Presidencial esperando al señor Presidente Carlos Salinas de Gortari; llegó al poco rato, nos saludamos, me presenté y después nos subimos a una camioneta Suburban que nos llevó a la Unidad Deportiva Revolución. Fue un trayecto muy ameno, platicamos del deporte en Guadalajara, de mi trayectoria en Chivas y la verdad, en ese tiempo, me causó una muy buena impresión, platiqué muy padre con él. Recuerdo que pensé: "Qué padre que va a venir el señor Presidente, porque la Unidad deportiva ya necesita su manita… ¡qué digo manita, su manota de gato!", tenía una pista de tartán pero ya no estaba en muy buen estado, se podía correr bien, pero se estaba deteriorando. Entonces podía aprovechar el momento para decirle que me echara la mano, porque también estaba con nosotros Raúl González, que era el presidente de la Conade, la Comisión Nacional del Deporte. Y dicho y hecho, estábamos trotando muy padre en el lugar todo iluminado dimos, cuando mucho, unas 10 vueltas en la pista de tartán y en una de esas le dije: "Oiga señor presidente, disculpe que aproveche, pero mire usted ¿se fija cómo está la Unidad?" "Sí, estoy viendo que ya necesita su manita, ¿verdad? ¿Qué te ha dicho Raúl?", ¡ándale!, era el momento, le contesté: "Ya tengo la solicitud, pero la metí desde el año pasado". Yo me llevaba muy bien con Raúl González también, y sabía que las tenía de gane, pero el apoyo del Presidente ya garantizaba otra cosa. " Vas a ver" me dijo, "les vamos a echar la mano, llegando yo hablo con Raúl y lo más pronto posible, en cuando se pueda y haya recursos para remodelar esta Unidad, te vamos a apoyar". Y ¡ándale!, así fue, al año siguiente me dio la noticia Raúl de que le iban a meter presupuesto a la Unidad deportiva Revolución y en 6 meses la dejaron como nueva.

Pasó el tiempo y de nuevo me hablaron de la Secretaría de Gobernación para decirme que el Presidente Salinas me solicitaba para ir a correr. En esta ocasión no fuimos hasta la Unidad Deportiva Revolución, porque el señor presidente tenía unos compromisos cerca del hotel, tenía el tiempo justo y no quería desviarse, así que le comentaron que enfrente había un lote, donde ahora está la Secretaría de Comercio. "¿A correr al lote?", se me hizo raro porque no estaba en las mejores condiciones, tenía la maleza muy crecida incluso se los comenté a los de la Secretaría de Gobernación, que iba a estar muy complicado por lo irregular del terreno, y me contestaron: "Pues no sé cómo le vas a hacer, pero vas a tener que idear algo para que corran". Híjole, ese día en la noche le tuve que hablar a mi amigo, Luis Pacheco Mejía, quien era el director de Obras Públicas... o no recuerdo si directamente le dieron la indicación a él, pero a las 5 o 6 de la mañana, tenían funcionando una máquina para arrastrar y aplanar la tierra. Arrimó toda la tierra, la puso en una esquina y nos dejó el lugar increíble. En hora y media quedó limpio de maleza. Cuando llegó el Presidente le tuve que contar toda la historia, le expliqué que en ese terreno no había nada y que tuvimos que trabajar en la madrugada para dejar lo mejor posible. "No te preocupes, yo lo que quiero es agarrar aire limpio y trotar un rato", me dijo. Nos echamos otra media hora corriendo, dándole vueltas a la pista improvisada que hicieron los de Obras Públicas, algo para salir del compromiso, pero que funcionó bastante bien.

Después de Carlos Salinas llegó Ernesto Zedillo como Presidente, también aficionado al deporte, me parece que en especial al ciclismo. Y otra vez me hablaron de la Secretaría de Gobernación, esta vez de parte de Guillermo Cosío Vidaurri: "Fernando, necesito que hagas un evento en el Parque Colomos porque el Presidente quiere venir a correr". Y ahí me tienen hablando con la Asociación de atletismo en las oficinas del CODE, organizando con los muchachos que iban a participar en el evento y que venían de otros Estados.

Hicimos un evento muy padre en el Colomos, que es un parque muy bonito, pero aquí viene la anécdota que les quiero platicar porque me dio muchísimo coraje, resulta que muchos medios aprovecharon la situación y, cuando estábamos ya por terminar, veníamos corriendo al inicio el señor Presidente, su servidor y como cinco o seis personas, y atrás los demás corredores, unos 200 o 300. La ruta estaba planeada así, que el señor Presidente diera fin a la carrera, por eso él iba hasta adelante, pero en la meta nos estaba esperando una persona, no sé quién era, no lo conocía yo, pero él ya tenía planeado hacer lo que ahorita les voy a platicar.

Esta persona traía guardada la playera de un partido político contrario al de Zedillo, creo que era el PAN, y se la puso cuando vio que nosotros íbamos llegando a la meta, tal vez nos faltaban unos cinco metros nada más, entonces este tipo salió como despavorido, con la playera del partido político, cruzando la línea de meta antes que el Presidente. Híjole, la verdad a mí me dio muchísimo coraje, no dije nada, pero sí vi que esta persona lo hizo con mucha malicia, mucha mala fe, con el fin de salir en las fotografías. Y le resultó, porque mucha gente anduvo hablando de él, diciendo como en los toros: "¡Se metió un espontáneo!". Ya después nos volteábamos a ver y nos daba risa, por supuesto que salió esa foto, pero también salieron algunas otras, la gente que iba con el señor Presidente le tomó fotos muy padres y aminoraron la noticia de esta persona.

Después de mi participación en el programa DIA, recibí una invitación para trabajar en el Instituto de Deportes de los señores Valente Aguirre y don Guillermo Aguirre, fue en el 2008 más o menos, era una escuela nueva, bastante grande, que iban a inaugurar en el municipio de Zapopan. Ellos tuvieron a bien hablarme y decirme que si me gustaría ser el director de deportes de ese Instituto, en ese entonces estaba sin chamba y acepté. Lógico que me hablaron, en el buen sentido de la palabra por mi imagen, me acababa de retirar del futbol y por ahí iba la cosa, era alguien reconocido, había estado en un equipo importante como es Chivas y titular en la Selección, en fin, llegamos a un acuerdo y de ahí salieron muchos promocionales, pusieron varios espectaculares en la calle y estuvo muy padre. Estuve dos años como director de deportes, fue una muy bonita experiencia porque conviví con muchos niños, manejaba todo lo que era fútbol, atletismo, voleibol de playa, basquetbol, fue una convivencia muy padre. Tenían dos institutos, uno en Tlaquepaque y otro en Tesistán, entonces yo tenía que moverme tres días para uno y otros dos días para otro.

Aquí aproveché la amistad que tenía con algunos destacados deportistas para hacer promoción al Instituto; una vez se me ocurrió un proyecto que compartí con don Guillermo Aguirre, le dije que si le interesaría que lleváramos a Lorena Ochoa, golfista, la que había quedado campeona del mundo, el boom del momento, a una plática en el Instituto. ¡Don Guillermo encantado!, pero le daba pendiente que nos fuera a cobrar mucho. "No te preocupes, déjame platicar con ella", le dije, entonces hablé con Lorena y ella muy atenta, me dijo: "Claro que sí voy Fernando, con mucho gusto, nomás que sí me gustaría que me dieran 10 becas", porque ella tenía una fundación que se llama Centro educativo "La barranca". ¡Con todo el gusto! se donaron las becas para sus alumnos en esa escuela. A don Memo le dio mucho gusto y al mes Lorena Ochoa estuvo presente en el Instituto, ¡ya se imaginarán el evento!, pusimos globos y un toldo enorme, todo el colegio, que era la verdad bastante grande, la recibió con mucha emoción, Lorena platicó su historia, sus vivencias, todo el trabajo que le había costado ser campeona del mundo, cómo trabajó desde chiquita, en fin. Fue una plática muy, muy alentadora, conmovedora y muy productiva para todos los muchachos, los dejó muy motivados, duró como una hora y estuvo padrísimo.

Estuve así alrededor de un año, y en ese lapso me llegó la invitación para ser diputado federal suplente de José Manuel Correa Ceseña, un líder estudiantil muy preparado, maestro muy conocido en Guadalajara y una excelente persona. Yo no tenía ni idea de política, la verdad, pero se me hizo una buena oportunidad para hacer carrera, y aquí, la verdad, no tuve mucha participación, sí hice campaña con Manuel Correa Ceseña, pero no más.

Algo que ahorita me da risa, pero que en su momento me apenaba muchísimo, tiene que ver con una caricatura que hizo Manuel Falcón, caricaturista que trabajaba en un periódico de Guadalajara muy conocido. Yo ya estaba haciendo campaña con Manuel Correa Ceseña, íbamos por el Distrito 14, uno de los más difíciles porque casi siempre ganaba el PAN en ese entonces, pero yo me encontraba a mucha gente chiva en las calles, se acercaban a saludarme, a lo mejor a que les firmara una playera, era un ambiente bonito. Total, que un día me levanté, vi el periódico y el canijo de Manuel Falcón había sacado una caricatura de un cilindrero, de esos que antes estaban en los parques, con la cara del diputado Manuel Correa Ceseña, y encadenado al cilindro, un changuito, ¡que era yo!, Falcón me dibujó agarrando una taza, como pidiendo limosna, con la palabra: "Votos" ¡Ándale, canijo Falcón! Me acuerdo que estaba muy molesto ese día, pero son cosas a las que dentro de la política hay que acostumbrarse. A la fecha no le guardo ningún enojo a Manuel Falcón, al final del día era su trabajo, ni modo.

Afortunadamente se ganaron las elecciones, yo siempre estuve en la banca, pero mi compañero Manuel Correa

Ceseña sí que tuvo el balón en el Congreso, nunca faltó ni se fue a otro puesto, entonces así fue mi paso como diputado federal suplente.

Como a los tres años me contactó el señor gobernador, Guillermo Cosío Vidaurri y me dijo que había una oportunidad de entrar como director en el CODE, ¡maravilloso! Fue un muy buen recibimiento por parte de la gente del CODE, me recibió el Secretario de Educación en una ceremonia muy especial. Era lo que quería, más que estar haciendo campañas para partidos políticos mi interés era hacia una institución deportiva. Yo ya había sido diputado suplente un par de años, que la verdad no tuve gran participación, nada más ayudé en la campaña, pero gracias al llamado del señor Guillermo, pude hacer una de las cosas que más me apasionaban, dirigir el deporte en el Estado de Jalisco. Estuve tres años como director del CODE, fue una experiencia muy bonita.

Llevaba tres meses como director del CODE cuando pasó una de las tragedias que más me marcaron en la vida. El 22 de abril de 1992 me encontraba en un evento deportivo, creo que era la inauguración de un torneo escolar de básquetbol, teníamos instalado un domo en una cancha muy bonita de duela. Eran las 8:30 de la mañana, el torneo estaba por comenzar, en eso llegó mi asistente, y al oído me dijo: "Te habla el secretario particular del señor Gobernador, ¡es urgente!", me saqué mucho de onda, caminé a la oficina donde estaba el teléfono, a pocos metros de la cancha, tomé la llamada y escuché la voz: "Fernando, de parte del señor Gobernador, prepárate, porque en menos de 15 minutos vas a recibir a la primera ambulancia con las personas que acaban de fallecer en las explosiones". ¡Las explosiones! Fue una tragedia en toda la extensión de la palabra, un sector de la ciudad estaba devastado, con calles destrozadas como si fuera una guerra, los carros en llamas, casas destruidas, incluso carros en las azoteas, parecía que habían bombardeado, eran kilómetros de calles destruidas, ¡un verdadero horror!

El secretario del gobernador me explicó a grandes rasgos lo que había pasado, pero yo no tenía ni idea de la magnitud del caso, me indicaron que iban a llevar a los fallecidos ahí donde yo estaba, a las canchas del CODE para que los congregaran y pudieran los familiares ir a reconocerlos. Todavía consternado con la noticia, desalojé el lugar y llegaron personas a poner una duela, para alojar a los cuerpos de las personas que habían perdido la vida. Llegó la primera ambulancia, una cosa terrible, tristísima, mis compañeros y yo comenzamos con la planificación de cómo íbamos a acomodar aquellos cuerpos sin vida, algunos todavía niños. Fue de los peores días de mi vida, me marcó como ser humano. Después de las ambulancias empezaron a llegar camiones enteros, enormes, repletos de cuerpos, yo lo sentí como una de las tragedias más fuertes que ha vivido Jalisco. En el interior de los camiones había 10 a 15 cadáveres apilados, revueltos en una especie de masa de gente, mujeres, niños, ancianos, familias que se habían consumido por el fuego en las explosiones, una situación muy difícil de ver. Estoy hablando que la primera ambulancia llegó a las 8 de la mañana, ¡y no pararon de llegar hasta la mañana siguiente! Tuvimos que parar porque el lugar ya se estaba llenando, además, estábamos bajo un domo de aluminio y el olor empezaba a inundar el lugar, un olor que jamás olvidaré, un olor a tristeza, a muerte.

Después de algunas juntas breves, me tocó planificar el mecanismo para que las personas entraran a buscar a sus familiares, otra cosa durísima, porque en el radio anunciaron que todos los cuerpos iban a ser trasladados al CODE, entonces llegaban madres, padres, hijos, esposas a buscar a su familiar, daban vueltas entre los cadáveres esperando, o no, ver un rostro familiar. Todavía tengo en la memoria ese laberinto de cuerpos, los gritos de las madres al encontrar a un hijo entre ese mar de cadáveres, son cosas que no olvido. Eso fue lo que más me dolió, llevar a las personas a reconocer a su familiar, hay un dolor inmenso en ese protocolo, yo a veces esperaba que no encontraran nada, porque eso significaba que su familiar estaba todavía vivo en algún hospital o en algún lado sin poder comunicarse, pero cuando la tragedia llegaba y sí encontraban a alguien, era tristísimo.

Una vez que el cuerpo era identificado, se registraba a la persona, esos cadáveres adquirían un nombre, una personalidad, ya no eran más cuerpos, eran personas. Los familiares iban entonces con las personas del Ministerio Público para hacer el trámite y les pudieran entregar el cuerpo para enterrarlo y despedirlo como Dios manda. Todo el ambiente era de mucho dolor, estuve ahí un día completo, ni siquiera me regresé a mi casa a dormir, me quedé en la oficina recuperándome una o dos horas y seguí recibiendo los cuerpos. A ratos lloraba, me sumía en la tristeza, los cuerpos no paraban de llegar, dieron la una, dos de la mañana y las ambulancias continuaban entrando al CODE. Al día siguiente, a eso de las 9 de la mañana, entramos al domo a ver cómo estaba el clima y decidimos que había que cambiar de lugar a los cuerpos, estábamos en una época de calor y podía ser un foco de infección, incluso las últimas horas que los cadáveres estuvieron ahí, teníamos que usar cubrebocas para no respirar el olor. No puedo decir cuánta gente llegó a estar tendida bajo ese domo, mentiría si digo un número, pero, para poner en contexto, era toda una cancha de básquetbol profesional, más diez metros de cada lado, lleno de personas fallecidas.

Vino una periodista del programa de Jorge Ramos, de Estados Unidos, para que les diéramos entrevistas, me buscaban para que les informara el estado de la situación, pero yo no tenía mucha cabeza en ese momento, decía lo que yo había visto, pero les recomendaba ir con el Secretario de Salud, con el del ISSTE o con alguien de la Cruz Roja, porque todos nos apoyamos muchísimo, trabajamos sin descanso para dar un poco de sosiego a la situación. Y a pesar de ese esfuerzo, para cuando tuvimos que mover de lugar los cuerpos, sólo habían sido identificados 70% de la gente, hubo 30% que nunca llegó a identificarse.

Nadie de mi familia padeció esta tragedia, mis hijos estaban muy chicos y no entendían bien lo que pasaba, sólo les hablaba por teléfono y les decía que yo estaba bien, que tenía que ayudar a la gente, y aunque no habia personas cercanas entre las víctimas, me dolía muchísimo. Con mi esposa llegaba muy decaído, nos abrazábamos y ahí me sentía en paz, mi casa se convirtió en un refugio para olvidar aquellas escenas tan devastadoras en las canchas del CODE, agradecía por tener a mi familia unida y sana.

Aquí me pasó algo, la verdad, un poco curioso, porque yo tenía la cabeza hecha un lío, seguía procesando la desgracia y no estaba muy estable que digamos. Ese día terrible habíamos estado trabajando sin parar casi por 24 horas, imagínense, llevaba desde las 8 de la mañana hasta las 12 del otro día ayudando a la gente y haciendo estas actividades tan tristes que les compartí, estaba muy atareado y con la mente nublada, no había dormido casi nada, cuando llegó una periodista a hacerme una entrevista: "Fernando, sabemos que es una verdadera tragedia, ¿cuántos muertos van hasta ahora?", y yo sin pensarlo mucho, le contesté con la siguiente barbaridad: "Mira, pues cadáveres muertos han llegado más de veinte" ¡Chiiiiiingue su...!, no saben la burla que me hicieron mis amigos y familiares después, "Entonces, Fernando, cadáveres muertos ¿más de veinte?, y los cadáveres vivos, ¿cuántos?", ¡ándale!, me trajeron de bajada por un buen tiempo. Les platico esta anécdota porque somos seres humanos, hay momentos en los que la confusión, la tristeza, la misma incertidumbre nos hacen decir barbaridades, y aquel día me aventé una buena.

Esto lo he platicado pocas veces, porque es algo que me duele recordar, fueron días de mucha tristeza para todo Guadalajara, yo siempre he sido muy respetuoso, me considero católico, creyente, y sobre todo muy humano, por eso este episodio de mi vida es algo que aún me duele.

Después de la tragedia las cosas se movieron mucho, el Gobernador Vidaurri salió, y entró como interino el licenciado Carlos Rivera Aceves, el panorama era difuso, yo no sabía si me iban a correr o no. Afortunadamente, el licenciado Aceves era muy deportista, basquetbolista, nunca me movió, me dejó seguir con la dirección del CODE, incluso jugábamos juntos de vez en cuando futbol, lo que propició el acercamiento y la mejora para el CODE.

Fueron tres años muy buenos porque, a pesar de la tragedia que me tocó, también tuve la oportunidad de vivir otras cosas. Por ejemplo, tuve la fortuna de conocer al "Magic" Johnson, me tomé una foto con él cuando estaba en su mejor momento. El señor gobernador de Jalisco de ese tiempo me pidió a mí como director del CODE, ir a recibir al

"Magic" Johnson al aeropuerto, él venía en su avión privado, ya se imaginarán el avioncito. Pero él es una excelente persona, ya tenía su enfermedad, el VIH, y venía a dar partidos de exhibición para una fundación que tenía. Ese día que estuve con él me llevé una muy buena impresión. No pude conocerlo más a fondo porque al día siguiente de su llegada ya tenía programado un partido y después seguiría con su gira.

Por eso, no me canso de agradecer al futbol por darme la oportunidad de conocer no sólo lugares increíbles, sino también a personas fuera de serie. En el medio todos se conocen y por una u otra cosa yo tuve la fortuna de convivir con grandes personalidades del deporte, no sólo del futbol, ya lo leyeron, también del béisbol y basquetbol; incluso conocí al "Canelo" Álvarez, fue hace muchos años, no era la gran figura que hoy es, pero sí lo conocí por cosas del destino. Resulta que yo trato de mantenerme todavía en buena condición física, mantenerme activo, entonces en las mañanas, ya tiene años, me iba a los Colomos con un grupo de amigos a correr, llegábamos a las 8 de la mañana y nos dábamos unas vueltas por el parque. Pues resulta que en una de esas corridas, ¡ándale!, que vemos pasar corriendo al mismísimo Canelo, era un chavo que apenas estaba empezando a formarse como campeón de boxeo, empezaba a brillar, entonces lo saludamos y platicamos un rato, todo muy padre. Dos o tres veces trotamos juntos, después nos sentábamos un rato a platicar de futbol, de box, y luego cada quien de regreso con su grupo. Incluso le comenté que tenía un restaurante de carnes y que ahí lo esperaba cuando quisiera, y después de eso empezó a ir a comer a mi restaurante, nos encontrábamos y nos saludábamos muy bien, en general una buena relación. Ahorita no sé cómo sea, ya pasaron años de aquellos encuentros, pero conmigo siempre se portó muy amable, ¡saludos, Canelo!

También llegué a conocer a "Chabelo". A "Quico" tuve la fortuna de tenerlo en mi casa, ¡un personajazo!; igual Sergio Corona, el "Loco" Valdéz, ya hablé de ellos en otro capítulo. Y otra persona con la cual tengo una anécdota muy padre es con Vicente Fernández, y la voy a platicar tal cual se la platiqué a él.

Cuando era niño, mi mamá, ya les conté cómo con el gran esfuerzo de ella, de mi papá y mis hermanos, compró una casa en una colonia más bonita en la que estábamos, una casa más grande; en la esquina de donde vivíamos había una mega mansión preciosa, allí vivía nada más y nada menos que ¡Vicente Fernández! Yo estaba muy chico, tendría unos 13, 14 o 15 años, y a veces escuchábamos la voz de Vicente Fernández cantando, al principio pensábamos que era un disco, pero cuando nos dimos cuenta que era realmente él cantando de viva voz, nos subíamos, unos amigos y yo, a la azotea, y brincábamos de casa en casa por los techos hasta llegar a la casa vecina de Vicente Fernández para espiarlo y oírlo cantar. Tenía una alberca muy padre y lo veíamos a veces sentado ahí, cantando, todo esto escondidos, asomando apenas nuestra cabeza, cuidándonos de que no nos descubriera, así le hicimos varias veces, ¡teníamos un concierto privado de Vicente Fernández, ándale!

Y qué curioso, las vueltas que da la vida, pasaron unos 10 años tal vez, yo ya estaba jugando en las Chivas, y por un evento que hubo en el club Guadalajara, como capitán me tocó la fortuna de sentarme en la misma mesa que Vicente Fernández, entonces aproveché para contarle esta anécdota que están ustedes leyendo. Después de eso, yo ya retirado, un día mi hermano Héctor, que trabajaba en Tequila Herradura, me habló y me dijo: "¿Quién crees que va a venir a la hacienda? Vicente Fernández". En ese entonces su representante era Carlos de la Torre, alguien con quien me llevo muy bien a la fecha, y no dudé en pedirle que me dejara acompañarlos a la visita de la Hacienda Herradura, yo me había quedado con ganas de platicar más con él. Carlos de la Torre me contestó: "Por supuesto, Fernando, yo voy a pasar por él a su rancho 'Los tres potrillos', si quieres acompáñame", y un compadre mío, Roberto González, de mis mejores amigos, se unió al plan. Ahí nos tienen rumbo al rancho a recoger a Vicente Fernández. Llegamos a "Los tres potrillos", se bajó Carlos de la Torre, nosotros nos quedamos en la camioneta esperando a don Vicente y cuando nos vimos nos saludamos con mucho gusto, él es Chiva de corazón, ya me conocía por el futbol, entonces el recibimiento fue muy bueno, muy padre: "¿Cómo estás mi Chiva mayor?" El trayecto de "Los tres potrillos" a Amatitlán fue una cosa maravillosa, hicimos como una hora y cahcito, y en ese tiempo pudimos platicar de muchas cosas, algunas que no puedo contar aquí, pero conocimos al Vicente Fernández de otra manera, en el aspecto humano, nos habló de sus pasiones, de las grabaciones de sus canciones y todo eso. Llegamos a la hacienda y nos pasaron a un salón donde había muchas barricas, nos sirvieron de comer y me eché un tequilita con él, saludando a la gente, tomándose unas fotos con los directivos de Tequila Herradura. A raíz de eso surgió una amistad con don Vicente, pero también con Alejandro Fernández, porque nuestros hijos estudiaron juntos un año en San Diego, una gran personalidad también la del "Potrillo".

Tambien tengo el gusto de conocer al "Buki", fue en "El almacén", mi restaurante, comió ahí y después me invitó a su show, donde hasta promoción me hizo: "Vayan a comer a `El almacén´, un restaurante muy rico de mi amigo Fernando Quirarte", se portó de una manera increíble, de verdad, terminando el show fui a agradecerle, primero por la invitación y luego por la promoción que me hizo, una excelente persona.

Otras personas que he tenido el gusto de conocer son Emmanuel, Mijares, la misma Yuri, Lupita D´Alessio, Pepe Aguilar, y Pedrito Fernández, que es un Chiva recalcitrante. Un día, cuando yo recién iniciaba como entrenador de las Chivas, fuimos a la Feria de Aguascalientes y estaba Pedrito Fernández, nosotros ni boleto teníamos, pero cuando él supo que estábamos ahí, mandó por nosotros, nos pasó al evento, nos dio unos lugares increíbles y disfrutamos mucho el show.

Y otra de las personalidades que me tocó conocer, pero ésta ya es una que le gana a todos los demás por lo relevante, fue al Papa Juan Pablo II; la emoción y el sentimiento que me causó estar frente a él cuando vino a Guadalajara, al Estadio Jalisco, es inolvidable. Fue la primera vez que vino a México, en el 78, la gente llenó el Estadio y nosotros tuvimos el privilegio, como era el Estadio Jalisco prácticamente mi casa ya con los tres equipos Chivas, UdeG y Atlas, de que nos formaran a todos los jugadores para recibir al Papa, él estaba en el centro, en una plataforma.

Padrísimo, en ese momento no pude saludarlo ni darle la mano, pero sabía que en la tarde iba a ir al Seminario mayor, y moví cielo, mar y tierra para estar ahí también. Ya en el Seminario, a lo lejos vi llegar al Papa en el llamado "papamóvil", la gente, ya se imaginarán, no lo dejaba ni pasar, era como si estuviera llegando el Presidente o no sé. Y no me pregunten cómo, pero me colé hasta la mera entrada del Seminario mayor en el momento en que estaba entrando el "papamóvil", la gente se empujaba por todos lados y la seguridad estaba siendo sobrepasada por el tumulto de personas. Y aquí mis hijos dicen que fue una "sheriffada", porque justo cuando logré acercarme, el Papa se bajó para saludar a la gente y me extendió una medallita que estaba regalando a los que se acercaban, una medalla chiquita que no me pregunten dónde quedó, pero ese día fue uno que me quedará grabado por siempre en mi corazón y en mi fe.

Ya para cerrar este capítulo, cuando se terminaron los tres años de Rivera Aceves como gobernador interino hubo un cambio en la política del país, entró el PAN y la persona que llegó, sí me corrió. ¡Chin!, me quedé nuevamente sin trabajo.

9. Santos Laguna y el campeonato

Después del CODE vinieron tiempos difíciles, afortunadamente en ese entonces tenía amistad con el ingeniero Juan José Leaño, lo conocía desde hacía muchos años, a él y a su familia, y cuando me enteré que habían escogido a Bora Milutinovic como entrenador de la Selección Nacional y que estaba buscando formar un cuerpo técnico, ¡no lo pensé dos veces!, en una plática salió el tema y y le pedí el favor de que me apoyara con Bora, le expliqué que yo llevaba una buena relación con él y que me echara la mano proponiéndome. Gracias a Dios, se me dieron las cosas y participé como asistente de Bora Milutinovic, junto a José Luis Trejo y Carlos de los Cobos, rumbo al Mundial del 98.

Ahorita me vino a la mente una ocasión en la que salí a comer con Carlos de los Cobos cuando yo estaba de asistente del señor Bora. Muy similar a años atrás, previo al Mundial cuando éramos seleccionados nacionales, por esta onda de los entrenamientos a veces no alcanzaba el tiempo para regresarnos los fines de semana, yo a Guadalajara y Carlos a Monterrey y nos quedábamos en Ciudad de México con los compañeros. Tomás Boy, Carlos Muñoz, "Chicharito" Hernández papá, a veces Paco Chávez y yo, íbamos a comer a un restaurante que está por Reforma, era derecho hasta arriba, creo que le llaman "Loma linda", era padrísimo, lo hacíamos en nuestros tiempos libres. Ya cuando tuve la fortuna de estar con el cuerpo técnico conformado por José Luis Trejo, Carlos de los Cobos, su servidor y el señor Bora, un día nos dijo José Luis Trejo: "Muchachos, los invito a un bar en la noche, para distraernos y echarnos una cervecita o algo". Fuimos a un lugar bonito por Masaryk, no me acuerdo del nombre, pero ya salimos noche, como a la 1 de la madrugada, no podíamos llegar tan tarde porque, lógico, al día siguiente había concentración, teníamos que entrenar, nosotros no, pero éramos parte del cuerpo técnico. José Luis vivía cerca de ahí, agarró su carro y se fue, pero nosotros no conocíamos muy bien cómo era el ambiente en el aspecto de seguridad, entonces, se nos ocurrió parar un taxi, todavía estaban los Volkswagen, esos bochitos que no traían asiento del lado del copiloto.

Carlos y yo nos subimos al taxi y le indicamos al chofer que nos llevara al Centro de capacitación. Y aquí estoy convencido de que el chofer ya estaba arreglado con los asaltantes, porque a las tres cuadras, en un alto, abrieron la puerta del taxi y en un minuto ya estaban dos personas en el carro, uno sentado en medio de nosotros, de Carlos de los Cobos y yo, encañonando a Carlitos con una pistola, y el otro hincado en la parte de adelante, donde no estaba el asiento del copiloto, supuestamente apuntando con otra pistola al chofer. Uno de los delincuentes comenzó a mentar madres: "Órale, hijos de la fregada, ya se los cargo la…", no quiero decir las palabras exactas porque son muy feas, pero fue una situación que parece de película. Nos dijo que cerráramos los ojos, ambos hicimos lo que nos dijo el cuate éste. De repente, el asaltante que estaba entre Carlos y yo, casi, casi se sienta en mis piernas y me inmoviliza los brazos, quedando de frente a Carlos con la pistola apuntándole y le decía: "Vas cabrón, saca todo lo que tengas, síguele y no hagas ninguna pendejada". Ay Dios mío, yo conocía a Carlos, era muy temperamental, y recuerdo que le dije: "Por favor, Carlos, haz lo que te dicen". Porque yo era más tranquilo, más ecuánime, pero conocía a Carlos desde jugador, sabía que era de carácter, de mucha personalidad. Entonces le insistía: "Carlos, hay que hacer lo que nos dicen, por favor, hay que hacer lo que nos dicen". Y por un momento nos calmamos, pero en eso, a Carlos se le ocurre abrir tantito los ojos y de nuevo los asaltantes se pusieron violentos: "¡Que cierren los ojos, cabrones! Hijos de…", y yo con un miedo tremendo, "en la madre, ahorita que le suelten un plomazo a Carlitos, ¿qué voy a hacer?", porque a mí, afortunadamente, no me estaban apuntando directamente, pero sí iba con mucho miedo. Total, después de, yo creo, media hora de estar dando vueltas en el taxi, la verdad saqué "la dominguera", pensé que tenía que comentar o decir algo para que se apiadaran de nosotros, así que empecé: "¿Les gusta el futbol? Porque, mira, él es Carlos de los Cobos, jugó en el América, yo soy Fernando Quirarte, jugué en las Chivas, ¿a poco no nos reconocen?" El cuate que iba apuntando a Carlos le dice al otro: "Ah, mire compadre ¡sí es Carlos de los Cobos! Pues con mayor razón quédense tranquilos, no les vamos a hacer nada, pero ustedes, flojitos y cooperando", yo le insistí que nos dejaran ir, que justo en ese momento íbamos para el Centro de capacitación para entrenar con la Selección, ¡que no fueran gachos! Les di todo lo que tenía en efectivo, creo que eran 1,000 pesos, no llevaba casi nada de valor, incluso ese día no llevaba mis tarjetas de crédito, no recuerdo por qué; pero Carlos llevaba su anillo de bodas y una cadena muy bonita.

Ya nos iban a dejar ir, o al menos eso nos dijeron, pero el cuate que nos había reconocido nos empezó a revisar, a mí nada más me quitó un reloj que usaba para los entrenamientos, que valía unos 15 dólares, o sea, no valía nada, pero me daba mis tiempos, kilómetros y todo, era lo que necesitaba para mi trabajo. Y le dije: "Compadre, ¿qué pasó? ¿no que no nos iban a hacer nada?" "Pues ya estamos aquí, vamos a ver de una vez qué traen", ¡hijo de la... mañana!, no saben el coraje que me dio. Siguió "bolseándome" y vio que no traía nada más, me metió la mano al pecho para revisar si no traía joyas o algo y después se fue con Carlos, le metió la mano en la bolsa del saco, en la del pantalón, y en eso Carlos le dice: "Te voy a pedir, por el amor de Dios, que no me quites mi anillo de bodas, es lo más sagrado que tengo, por favor, no me lo quites..." "¡Quítatelo cabrón!" "Por favor, no..." "¡Te estoy diciendo que te lo quites, hijo de la chingada, no quieras que ahorita te meta un plomazo..." Fueron momentos de muchísima tensión, yo traté de calmarlo, le dije: "Carlitos, ya dáselo, por favor" y con todo el dolor de su corazón se tuvo que quitar su anillo de bodas y dárselos a esos hijos de la...Yo estoy casi seguro que todo lo tenían planeado con el chofer, porque después de eso, nos dijeron: "Vamos a parar en esa esquina, les voy a abrir la puerta y se bajan, y no vayan a voltear porque les tiro un plomazo", nos bajaron y empezamos a correr hacia la esquina contraria, buscando una patrulla o algo, y dicho y hecho, encontramos una patrulla, pero ya estos cuates llevaban, no sé, 20 cuadras adelante, no pudimos hacer nada.

Fue una experiencia muy dura, nunca me habían asaltado, y eso que vivimos fue un susto terrible. Carlos estaba muy molesto y triste porque le quitaron algo valiosísimo para él, su anillo de bodas. ¡Ni modo!

Pero retomando lo de la selección, con ese equipo tuvimos buenos resultados, teníamos muchos líderes, las clasificaciones todavía se jugaban tanto dentro como fuera, los dos primeros del grupo clasificaban automáticamente y el tercero se la jugaba en otra ronda. A nosotros no nos fue bien, nos fue ¡excelente en los partidos de preparación!, tuvimos giras en Centroamérica y Japón, ambas con buenos resultados. Al momento de la clasificación para el Mundial de Francia 98 íbamos en primer lugar, éramos la Selección con más puntos, más goles anotados, menos goles recibidos, fue un camino muy bueno, aprendí mucho de Bora Milutinovic como entrenador.

Desgraciadamente, por circunstancias que pasaron, cuatro o cinco meses antes del Mundial nos dieron las gracias a Bora y a su equipo técnico, o sea, a nosotros. En ese entonces estaba como directivo de la Selección el "Güero" Burillo Azcárraga, primo de Emilio, era quien maneja la Selección prácticamente, y no sé qué comentarios le llegaron, a lo mejor del mismo Bora diciendo que la Selección no estaba jugando bien o tal vez algún chisme por ahí, siento que fue mano negra, ¡porque nos estaba yendo muy bien! Después me enteré que algunos jugadores de la Selección fueron a hablar con el "Güero" Burillo, esto me lo contó el señor Bora, pero no me dijo quiénes habían sido, ese secreto se lo guardó muy bien. La verdad me sentí muy triste, fue algo doloroso porque llevábamos buen ritmo, ya estábamos soñando con el Mundial y pudimos llegar lejos, pero, en fin, así es el futbol.

Me quedé, una vez más, sin trabajo, ya tenía tres hijos que mantener y mi esposa estaba embarazada del cuarto, las cosas no estaban fáciles, pero ni modo, seguí buscando chamba en el aspecto técnico, ya tenía un poco más de experiencia y, afortunado, encontré el camino.

Soy una persona muy afortunada, gracias a Dios que me ha puesto en el momento y el lugar indicado y que me ha abierto muchas puertas. Mi oportunidad con Santos llegó, precisamente, en la final Santos contra Tecos, en Zapopan; siendo sinceros, a ese partido fui más por mi hija, acababa de nacer la menor y no tenía trabajo. Aquel día yo no tenía ganas de ir al partido, pero mi esposa me convenció, sus palabras fueron: "Ve, nunca sabes con quién te puedas encontrar". El estadio no nos quedaba tan lejos así que decidimos ir. El destino es canijo, a veces te pone en el momento y el lugar adecuado. Resulta que a tres palcos de donde mi hija y yo estábamos, se reunieron los directivos de Santos, en ese tiempo el equipo pertenecía a Cerveza Corona, recuerdo. En un momento, no sé si ya era medio tiempo, me levanté y me puse en la orilla del palco, para ver mejor, y en eso, el presidente de Santos, el señor Paco Dávila y algunos directivos hicieron lo mismo, nos volteamos a ver y nos saludamos, yo me acerqué a saludar al señor Paco, ya nos conocíamos de antes, platicamos brevemente y me preguntó qué andaba haciendo. "Nada, ahorita nada más esperando a que salga una oportunidad", le contesté, no como indirecta ni nada, fue cosa que salió en la plática. Cuál va siendo mi sorpresa cuando, a los 15 días de aquel encuentro recibí una llamada del señor Paco Dávila: "Hola Fernando, ¿cómo estás? Oye, me quedé pensando en el encuentro de hace unas semanas y me gustaría platicar contigo. ¿Qué te parecería ser director deportivo de esta institución?" ¡Ándale!, pues yo encantado, concretamos una cita en un restaurante, en el Parque Hundido de la Ciudad de México, para el día siguiente. Paco en ese tiempo era senador, así que me citó a las 3 de la tarde para platicar más a fondo. Yo, feliz, tomé el primer vuelo y llegué puntual a la cita, tan fácil se dieron las cosas que al mes ya estaba trabajando en Torreón como director deportivo del Santos.

Mi etapa con Santos fue la mejor de mi carrera como entrenador, aunque primero fui director deportivo. Santos era un equipo muy fuerte en todos los aspectos, y me emocionaba mucho la idea de salir por primera vez de Guadalajara para trabajar en algo que era un sueño para mí. Además, conseguir trabajo dentro del medio donde me estaba desarrollando ¡y tan rápido!, era un gran incentivo.

Regresé a Guadalajara con la notica, hablé con mi familia y les comenté que iba a irme unos meses a Torreón a ver cómo estaba la cosa; al principio mi esposa y mis hijos no estaban tan convencidos, era una ciudad nueva, mis hijos tenían apenas 5, 10, 11 años, y una bebé de 4 meses, entonces significaba un cambio muy brusco para ellos. El trato con mi esposa fue que yo iba a buscar un buen colegio que perteneciera al mismo al que mis hijos asistían en Guadalajara. Dicho y hecho, encontré la escuela y a los tres meses ellos se mudaron conmigo. Encontramos una casa muy acogedora, donde ya habían vivido antes otros entrenadores.

Mucho tuvo que ver que los directivos de Santos nos trataron muy bien, es un equipo queridísimo en Torreón. Al año de estar como director deportivo, me dieron el papel de entrenador y fue algo muy bonito porque era de mis primeras incursiones como entrenador, fue una gran ilusión el haberme consagrado en algo que era mi sueño. Porque ser entrenador es un trabajo complejo, hay que hacer a veces de psicólogo, papá, cuidador, ¡de todo! Ahora ya es más común que los equipos tengan *coaching* o motivadores, pero en el tiempo que yo trabajé con Santos no existía eso, por lo que tuve que acercarme mucho a los jugadores, algo que agradezco. La verdad, hicimos un gran equipo y logramos una unión muy bonita. Mi esposa también la pasó bien, hizo amistad con las esposas de algunos jugadores y en ocasiones los invitábamos al cumpleaños de alguno de nuestros hijos, esto nos unió mucho como equipo.

Hice mis maletas y me fui a Torreón. Hicieron la presentación allá, con los medios, el equipo y Juan de Dios Castillo, quien era entonces el entrenador. Empezamos a planificar con la directiva el rumbo que iba a tomar el equipo la siguiente temporada. Empezamos la temporada con algunos jugadores nuevos, sin contratiempo, pero, desagraciadamente, no pudimos clasificar en ese torneo. Con esto, la directiva tomó la decisión de darle las gracias a Juan de Dios Castillo, esto fue mera decisión de la directiva, a mí ni me preguntaron. Yo me quedé con la espinita, no sabía si a mí también me iban a dar las gracias. Y a los tres días de que Juan de Dios Castillo abandonó el Club, me mandaron a llamar de arriba con la sorpresa de que me ofrecieron quedarme con el puesto de entrenador. ¡Ándale!, sentí una emoción grandísima, acepté de inmediato, con la única condición de que me dejaran armar mi cuerpo técnico con gente de mi confianza.

Así fue como tomé las riendas del equipo, comenzaron a llegar nuevos jugadores como el "Pony" Ruiz, Mariscal, Carrión, muchos más. A la par, busqué personas para mi cuerpo técnico, y al primero que contacté fue a Eduardo "Yayo" de la Torre, quien era una persona que veía muy bien el futbol y estaba muy preparado; también busqué al profesor Guillermo el "Plátano" Hernández; aproveché a gente que ya tenía tiempo en el Club, por ejemplo al "Gato" Chávez; invité también a Eduardo Ramos Escobedo, que había sido mi compañero en Chivas y con quien me había formado como jugador. Así formé mi equipo de trabajo.

En Santos pasé un tiempo padrísimo. La afición fue inolvidable: muy duros con los jugadores y la directiva, era una afición que le exigía mucho al equipo, tenía la costumbre de que si el equipo no funcionaba durante los primeros quince minutos, comenzaban a presionar y a gritar sarta y media de ofensas, y no sólo conmigo, así lo hicieron con varios entrenadores, en mi caso era: "¡Quirarte! ¡chi… tu madre!" ¡Híjole!, se sentía horrible. Ya cuando los jugadores agarraban ritmo entonces el público les aplaudía y era un ambiente padrísimo, pero al principio…

Y aquí va una anécdota que había dejado en el tintero capítulos atrás. Una ocasión en la que mi madre fue a apoyarme a un partido muy importante, no recuerdo bien contra quién jugábamos, pero Santos no empezó bien. Pasaron apenas 20 minutos cuando el estadio comenzó con la cantaleta, a coro: "¡Quirarte! ¡chi… tu madre!", y mi mamá, que estaba en las tribunas, afortunada o no, porque, no escuchaba bien, ya era mayor y no oía bien del oído derecho hacía unos 25 años atrás, les preguntó a otros familiares que habían ido a verme también: "¿Qué dicen? ¿Qué le gritan a mi hijo?", ¡no sabían ni dónde meterse!, sólo le dijeron: "¡Le están aplaudiendo!, le están echando porras". Cuando me platicaron me dio mucha risa, nunca se lo comenté a mi mamá ni ella a mí, espero que no haya escuchado mi verdadera "porra", y si sí, nunca me dijo nada.

Aprendí mucho de mis entrenadores, que trate de aplicar en Santos; todos tuvieron una influencia en mí que agradezco mucho, por ejemplo, de Alberto Guerra aprendí el temperamento, de don Nacho Trelles su experiencia, Horacio Troche me enseñó a ser más arriesgado, de Leo Beenhakker me llevo la puntualidad. En fin, de todos tengo algo bueno qué decir, y no por quedar bien con nadie, algunos ya no están entre nosotros. Son personas que admiro y que me formaron mucho en esta carrera de entrenador.

También me gustaría mencionar algo que aprendí como jugador y puse en práctica como entrenador, los famosísimos asados, muchas veces por iniciativa del entrenador cuando las cosas no andaban bien, otras veces por iniciativa de los mismos jugadores, generalmente por el capitán para lograr una mayor integración de todos o de algunos jugadores extranjeros. Cuando estuve en Chivas, UdeG, Atlas, Santos y Jaguares como jugador o como entrenador, algunas veces acostumbrábamos a hacer asados cada mes o cada dos meses, y servían de mucho, primero, si tú eras el entrenador para que las cosas se hablaran ahí, platicabas de lo que se estaba haciendo bien, de las fallas individuales, o si había algún problema con algún jugador, aprovechabas para platicarlo, buscar una solución, en fin. O si de plano veías que alguien no daba el ancho, lo comentabas: "Oye, ¿qué te pasa?

¿Por qué no estás jugando como debes hacerlo? ¿Por qué no cobras los tiros libres como lo hacías antes? ¿Porque ya no te barres con tantas ganas?", cosas así. O, a veces cuando éramos puros jugadores y el equipo andaba mal, urgía que hubiera un asado para decirnos las cosas de frente, algo que a veces no se podía hacer en la cancha o en los vestidores por diferentes circunstancias, tal vez no te animabas en el momento o no querías tener problemas entre compañeros, en fin, el día del asado se prestaba para platicar las cosas desde otro ambiente más de camaradería, ahí salían a relucir muchas cosas, y la gran mayoría de las veces esos asados eran para bien, para mejorar en todos los aspectos. Desde el tema de la comunicación, el hablarnos más, el saber cuál era el problema del equipo, el saber por qué estábamos perdiendo, por qué estábamos en una mala racha; o, si las cosas andaban bien, reafirmarlas y decir: "Esto estamos haciendo bien, vamos a seguirle metiendo todos la canela, a pegarle duro, a seguir jugando con entrega, con pasión, con intensidad".

Esos asados los recuerdo con mucho cariño porque sirvieron muchísimo en todos los equipos en los que estuve, Guadalajara, UdeG, Atlas, Jaguares y Santos, es más, hasta con la Selección tuvimos asados. Y recuerdo algo muy bonito, ocurrió cuando estaba con Santos, preparándonos para el torneo. Nos fuimos una semana a unas cabañas muy cómodas, en un hotel donde todavía se concentra la Universidad de Guadalajara, ahí estuvimos entrenando, también dos veces al día, a veces tres, pero normalmente eran dos veces al día. Estaba un poco retirado de Guadalajara y por eso casi no salíamos del Club, pero en ese entonces yo tenía un compadre que se llamaba Pablo Romo (ya se nos adelantó), hablé con él y con su esposa, Gaby, para que nos invitara a su hacienda donde se hacía el tequila Herradura. Ya se imaginarán la hacienda, una cosa preciosa.

Le dije a mi cuerpo técnico: "¿Qué les parece si hacemos un asado? Yo lo invito, sé de un lugar que les va a gustar mucho a los muchachos. Vamos a disfrutar un ratito, está a media hora de aquí, nos vamos en el camión, les damos un tour a los muchachos por toda la fábrica y comemos". "Me parece perfecto", contestaron. Yo estaba muy emocionado, la convivencia fue padrísima, y a la hora de la comida, llegó mi comadre, Lety Benavente y me dijo: "Compadre, ¿les puedo ofrecer un tequilita?" ¡No! lo único que sí podíamos darles, una cervecita a cada quien, porque una carnita asada con su guacamole y su salsita, ameritaba una cerveza, eso sí lo autorizó, pero mi comadre estaba insiste e insiste en darles un tequila a los muchachos. Así me trajo un buen rato y al final de cuentas no les dio nada, pero fue una experiencia muy bonita, creo que a los muchachos les gustó mucho la hacienda, porque es una hacienda muy vieja, de hecho ahí grabó Luis Miguel la canción "Quiero que seas feliz", para mí, una de sus mejores canciones.

En esa primera incursión como entrenador ocurrió algo que creo que todos los entrenadores desean. La primera temporada que dirigí a un equipo de futbol tuve la fortuna de irnos a la liguilla. Pasamos cuartos, jugamos semifinales ¡y llegamos a la final!, yo estaba como niño con zapatos nuevos, todos, mi cuerpo técnico, mis jugadores, mi familia, todos estábamos muy felices. Como no habíamos quedado primer lugar en la tabla, nos tocó cerrar la final contra Toluca en su casa, club que traía un equipazo en ese entonces, por ejemplo, estaba Cardozo en un plan incontenible.

El primero partido, el de ida, se jugó en Torreón a lo mejor un jueves, perdimos 2-0; el de vuelta se jugó un domingo, y a los cinco minutos del silbatazo inicial, por desgracia, nos expulsaron a un jugador, me dio mucho coraje porque en los vestidores habíamos hablado mucho de eso: "¡Cabeza fría!", les dije a mis jugadores, y el dejarnos expulsar a un jugador definitivamente influyó en el partido, además de la altura que se siente en Toluca, en fin, no son pretextos, son realidades. Terminamos perdiendo 5-1 en este partido, no sé con cuántos goles de Cardozo.

A pesar de la derrota yo me sentía contento con el equipo, habíamos clasificado en mi primer año como director y para mí era el primer paso. Siguió corriendo el tiempo, renové con Santos y pasé muy buenos años, tanto así que, lo mencionan las estadísticas, los medios que me llaman a veces para una entrevista y la misma gente en Torreón, gracias a Dios, me convertí en el entrenador más ganador del equipo Santos Laguna. Tuve como cinco liguillas con el equipo. No sé si Almada ya me superó en la temporada pasada, la verdad no lo sé, pero hasta donde me quedé, yo tenía ese título, título que agradezco porque todo fue un trabajo en equipo con apoyo de los distintos directivos que tuve, Paco Dávila, Memo Cantú, Alberto Canedo, Gustavo de Villa, etcétera. Santos es una gran institución, trabajé siempre con un gran profesionalismo y con el apoyo de sus directivos. Pero algo faltaba, ¡el campeonato!, y eso se nos dio hasta la tercera vez que llegamos a la final, nuevamente, "la tercera es la vencida". Disputamos la copa contra Pachuca, dirigido entonces por quien ahora, por tercera ocasión lleva a la Selección Nacional, Javier Aguirre. El partido de ida lo jugamos allá, si no mal recuerdo terminó con un 2-2, y en esta ocasión nos tocó cerrar en casa, en el Estadio Corona de Torreón, ya que habíamos quedado como líderes generales.

Aquí recordé muchas cosas que había aprendido con Bora, en específico aquella vez que hizo un video de nuestras familias motivándonos, así que le pedí a mi esposa que reuniera algunos videos de las esposas e hijos de los jugadores y mi directiva organizó poner una televisión grande en el vestidor y mostrar el video a mis jugadores, los hijos de Jared, la esposa de "Pony" Ruiz, hermanos o papás de otros jugadores iban desfilando en la pantalla: "Te deseo lo mejor papá". "Ojalá metas un gol". "¡Vamos a ganar!" También publicamos, un día antes en el periódico, mensajes de los familiares de los jugadores, deseándoles éxito en el partido. Otra motivación para el equipo fueron las palabras de un niño cantante que no tenía piernas ni brazos, un *coaching* de vida impresionante, una persona que tiene unas ganas de vivir y de superarse como muy pocos. No sé si ya les habían hecho algo parecido sus entrenadores anteriores, no lo sé, lo que sí sé es que el día del partido mis jugadores estaban muy motivados, lo podías ver en su cara, en su accionar dentro de la cancha, era un ambiente padrísimo.

Aquel fue un partido muy intenso, hacía mucho calor y los ánimos hervían. Cayó el primer gol, no recuerdo de parte de quién, la emoción se desbordó, luego otros goles, pero unos 15 minutos antes de que acabara el encuentro, Róbson Luiz, un jugador brasileño buenísimo, anotó para darnos el gol de la victoria, dando un marcador global de 4-3. El estadio se cayó de la emoción, la gente se brincó a la cancha, todos nos abrazamos, mi familia también corrió a abrazarme, fue un momento maravilloso que significó mucho para mí, el haber quedado campeón después de tan sólo tres temporadas me llenó de emoción.

Aquel campeonato significó muchísimo para mí, son momentos que guardaré en mi memoria durante toda mi vida con mucha emoción porque fue una ciudad que nos acogió muy bien y cuando quedamos campeones se desbordó en alegría, en Lerdo, Torreón y Gómez Palacio: "Tres ciudades, dos Estados, en un solo corazón". Aquella ocasión fue un estallido de alegría, se hizo un desfile con el equipo por las principales avenidas de la ciudad, celebrando el campeonato de Santos.

Me acuerdo que habían ido a ver el partido varios amigos de Guadalajara, y saliendo del estadio nos subimos a mi camioneta, una Windstar, y donde normalmente caben ocho personas, ¡nos subimos 15! con la felicidad a tope y una euforia como pocas en mi vida. A veces nos tocaba pararnos en algún semáforo en rojo y la gente que me reconocía se acercaba a saludarme y a ¡mover la camioneta!, todos muy felices gritando y coreando las porras del Santos. Otros tenían pistolas de agua, y nos mojaban al interior de la camioneta, como teníamos las ventanas abajo, ¡nos empaparon a todos! Algunos más tenían carteles, me da risa acordarme, lástima que no tenía una cámara, porque decían: "Quirarte para Presidente", "Quirarte, te quiero más que a mi vieja", cosas muy chistosas. Tan grande es la afición de Santos, ¡que hasta monjitas con banderines del Santos vimos!

Después de este triunfo, pensé que era mi oportunidad para pedir un aumento de sueldo, y por primera vez en mi historia, busqué a alguien para que hiciera el trato por mí, error que ahora lamento. Busqué a un amigo que sabía mucho de números, no era promotor deportivo ni mucho menos, es más, era director de un periódico en Guadalajara, pero era una persona más preparada que yo en el aspecto de los negocios, le pedí que fuera a arreglarse con mi directiva para no desgastarme yo con ellos. Las negociaciones empezaron bien, yo pedía cierta cantidad, digamos 3 mil pesos, le indiqué a este cuate que lo negociara, pero que no se bajara de 2 mil quinientos. Así estuvieron un rato, y recuerdo perfecto ese día porque fue de los más tristes y decepcionantes para mí. Estaba jugando golf en Puerto Vallarta, de vacaciones con mi familia, cuando recibí la llamada de este cuate, sabía que estaba en negociaciones con Santos, por eso contesté de inmediato y recibí la noticia: "Fernando, ya hablé con la directiva, pero te ofrecen 2 mil veinticinco, no más". No los acepté, yo quería, mínimo 2 mil quinientos, pensaba que era mi mejor momento con Santos y no me tenía que bajar. Pasó apenas media hora y me volvió a marcar este cuate: "Fernando, se cerraron las negociaciones, no pude hacer nada, el licenciado Guillermo Cantú dijo que si no aceptabas los 2 mil veinticinco, entonces gracias y adiós" ¡Ándale!, en ese momento no me preocupé mucho, conocía a Memo Cantú y pensé que con una llamada que le hiciera podía arreglar las cosas, "Mañana le marco", pensé.

No recuerdo si ese mismo día en la tarde o la mañana del siguiente, Santos sacó un comunicado de prensa diciendo que a partir de ese día dejaba de ser entrenador de Santos. Me saqué mucho de onda, le hablé a Memo para preguntarle qué estaba pasando y él me dijo muy tajante que así eran las cosas, si no se llegaban a acuerdos, se decía adiós. Todavía le insistí que platicáramos al día siguiente, yo estaba dispuesto a tomar el primer avión para Torreón, quería seguir en el club, me sentía muy a gusto, pero Memo no se movió: "Si quieres venir a platicar está bien, pero la decisión está tomada". Al día siguiente fui a la casa de Memo a ver qué se podía hacer, pero él estaba muy molesto: "Tu promotor no lo manejó bien, yo le ofrecía una cifra y él se plantó con otra, no quiso negociar, entonces los meros dueños me dijeron que no, que aquí las cosas no se hacen así", insistí un poco más, le di algunas alternativas, platicamos por largo rato, pero lamentablemente no llegamos a ningún acuerdo.

Regresé a mi casa muy triste, había estado en Torreón cuatro o cinco años, logré ser el entrenador con más liguillas, más partidos ganados, había hecho grandes amistades, tanto así, que pocos días antes de que regresara a Guadalajara, seis grandes empresarios, amigos míos, se juntaron para sacar un desplegado en el periódico tratando de ayudarme, según ellos, apoyándome y pidiendo a la directiva que no me dejaran ir, hablando de cosas del pasado y señalando los errores de la directiva, cosa que los enfureció, lo vieron como una forma de agresión y obvio, me cerraron las puertas definitivamente. Tiempo después me encontré a Memo y platicando me comentó: "Te pasaste con ese desplegado, Fernando, eso no se hace", ¡pensaban que yo lo había pagado! Me dio mucha tristeza, y le agradezco a mis amigos empresarios que lo hicieron con el puro afán de ayudarme, pero más que beneficiarme, terminó por perjudicarme. No es que haya sido por esto que me dieron las gracias, no, la decisión ya estaba tomada, pero sí fue el clavó que terminó por enterrar mi carrera en Santos.

Aquí debo decir que parte de mi corazón se quedó en Torreón, siempre voy a agradecer a la directiva de Santos y a su increíble afición el cariño y el apoyo que me dieron, el tiempo que estuve ahí fue increíble, gracias de corazón por todo su apoyo y entrega, me hicieron sentir como parte importante de ese gran equipo que es Santos; me fui muy contento y a la fecha, cuando voy a Torreón para algunos eventos que me invitan, la gente todavía me reconoce y me trata muy bien, es una de las cosas más bonitas que me ha dado ser entrenador. A pesar de cómo terminaron las cosas, la etapa con Santos fue increíble, mi mejor momento como entrenador, y aquí surge otra pregunta que me han hecho: "¿Qué disfrutaste más? ¿Tu campeonato con Chivas como jugador o tu campeonato con Santos como entrenador?" ¡Ándale!, son cosas que no puedo comparar, ambos significaron triunfos muy esperados y anhelados por mí.

Ser entrenador no es fácil, insisto, hay que manejar a 26 personas, controlar 26 egos, 26 súper estrellas, y eso no es fácil, no siempre se puede tener contenta a la gente, menos a los futbolistas, es una lucha de egos porque todos quieren jugar, todos quieren ser titulares, eso te trae problemas. Afortunadamente, nunca tuve mayor problema con mis jugadores, y eso que tuve a varios líderes en Santos, pero creo que lo que hizo más llevadera la relación fue la amistad o el acercamiento que tuvimos como equipo, siempre con una línea de respeto hacia entrenador y viceversa, también ayudó que estos líderes eran personas centradas, profesionales. Quizá con el único que sí llegué a tener dificultades por su carácter y personalidad fue Salvador Mariscal, cuando jugaba era alguien que respondía, que daba resultados, pero cuando estaba en banca se volvía muy difícil, incluso puedo decir que problemático. Afortunadamente, pudimos convencerlo de que primero estaba el equipo y no tuvimos más problema.

Y jugadores líderes que me ayudaron mucho, no quiero ser ingrato con ninguno, perdón si alguno se me pasa, pero puedo mencionar a Jared Borguetti, el goleador del equipo, "Pony" Ruiz, Héctor López, excelente central, el portero Adrián Martínez, Pedro Muñoz, nacido en la Comarca, Johan Rodríguez, Héctor "Pity" Altamirano, Carlos Cariño, Miguel España, etcétera.

Con muchos de ellos sigo en contacto, Jared, el "Pony", Johan Rodríguez, Héctor Altamirano, Carlos Cariño me hablan por teléfono o yo les hablo, a otros me los he encontrado en la calle, algunos más me siguieron durante mi faceta como analista deportivo, y a otros los he contactado a través de redes sociales, a Carreón, por ejemplo. También llevo contacto con algunos directivos, a Alberto Canedo le he hablado para saludarlo, a mi presidente de aquel entonces, Paco Dávila, Gustavo de Villa también, a Memo Cantú un poco menos, pero cuando me lo encuentro nos saludamos muy bien.

El otro día estaba platicando con Pável Pardo y recordamos cuando fui su entrenador, imagínense, Pável, una figura mundialista que triunfó en el extranjero; también me tocó dirigir a Rafa Márquez en su debut en la Selección, Rafa también fue uno de los mejores jugadores de México, estuvo en Barcelona, en Mónaco, y en varios equipos muy reconocidos a nival mundial, y tuve la fortuna de dirigirlo. De igual forma a Duilio Davino, Luis Hernández y Jorge Campos, en esa época que pasé al lado de Bora tuve la fortuna de estar con grandes jugadores, el mismo Beto García Aspe, Joaquín del Olmo, Ricardo Peláez, también Cuauhtémoc Blanco, en fin, varias figuras que la verdad han puesto el nombre de México en alto y que me llena de alegría haber compartido con ellos momentos en cancha y que quedarán como recuerdo en mi vida deportiva.

En general, la etapa con Santos fluyó bien, no sólo yo con los jugadores, también con mi cuerpo técnico, fue un cuerpo técnico de lujo: Eduardo "Yayo" de la Torre tiene mucha visión para el futbol; el profesor Guillermo Hernández, el "Platanito", excelente preparador físico; el "Gato" Chávez también fue clave para el entrenamiento con los porteros. De igual forma, todo el staff, la directiva que creyó en nosotros y en nuestro trabajo, en fin, todos los involucrados pusimos de nuestra parte para que el equipo fluyera y lográramos un buen desempeño.

Aquellos cuatro años y medio en Torreón fueron algo maravilloso. Cuando juntas a un equipo de trabajo tienes que pensar en gente, quizás, con mayor capacidad que la tuya porque tú le vas a sacar lo mejor a esas personas y obtendrás nuevos conocimientos. Así, yo tenía ciertas habilidades, cosas que vio Jorge Vergara cuando me llamó para dirigir a las Chivas; y ahora en Santos, yo me rodeé de personas muy buenas en lo que hacían, "Yayo" tiene mucha inteligencia para leer los partidos, para ver el parado de los equipos contrincantes; Guillermo Hernández es un excelente preparador físico y una persona que habla muy bien con los jugadores; Eduardo Ramos es un experto mundialista, en fin. Por eso decidí y tuve el honor de rodearme de ellos para aprender lo más que pudiera, porque a veces a la gente le da miedo que la opaquen, pero creo que es un error, porque tener gente mejor capacitada y que te apoya en los puntos en los que tú no eres fuerte, te hace crecer y te fortalece.

10. Etapa rojinegra

Una vez más, el "Sheriff" sin chamba, ¡y con cuatro hijos! Sin embargo, nuevamente el destino me sonrió, el presidente de Atlas, Alberto de la Torre, me llamó para ofrecerme el puesto de entrenador. Me emocioné por la oportunidad, aunque dije: "¡Ándale!, ¡Atlas y Chivas!", porque es una rivalidad de años, aun así, me sentí honrado de que un club de tanta tradición me considerara.

No quisimos vernos en las oficinas, para manejar las cosas con más discreción, así que acordamos una reunión en mi casa y me platicó que las cosas no estaban bien, que acababan de darle las gracias a Enrique, el "Ojitos" Meza y que pensaron en mí para nuevo entrenador. Me sentí sumamente honrado, que a mí un Chiva de corazón, me hayan ofrecido entrenar a su acérrimo rival, Atlas, era una cosa padrísima.

Y antes de continuar, me gustaría mencionar a las personas que considero fundamentales para que yo haya llegado al Atlas: el señor Alejandro Vázquez, mi compadre Enrique Ramos, que en paz descanse, Aurelio López, un gran amigo de años con quien llegué a jugar futbol en una canchita que tenía en Avenida Vallarta, y Felipe Martín del Campo, ¡gracias por su apoyo!

Con Atlas llegué muy motivado, luego hicimos una buena pretemporada. Alberto de la Torre tenía mucha experiencia, fue presiente de la Federación Mexicana de Futbol y conectamos muy bien, ya conocía también a varios directivos, a otros no tanto, y con el tiempo me enteré que varios directivos ¡no estaban de acuerdo con mi nominación!, pero ni modo, no eres monedita de oro para caerle bien a todos. Pero fueron más los que estaban de acuerdo con mi llegada.

En Atlas, como entrenador me fue muy bien, hicimos 32 puntos, cosa que otros entrenadores previos no habían conseguido; calificamos a la liguilla con un equipo que, si bien no era un espectáculo, era práctico.

Calificamos y nos tocó jugar contra Monterrey en Guadalajara, perdimos. La vuelta era en Monterrey y volvimos a perder, ni modo. Monterrey traía un equipazo, el Estadio Tecnológico estaba repleto, después de eso Monterrey quedó campeón, también por eso no me sentí tan mal, perdimos con el campeón, pero aquí pasó algo muy chistoso.

Yo tenía cierta amistad con Alejandro Fernández, su hijo y mi hijo eran compañeros de escuela, entonces en ese partido de vuelta con Monterrey recibí una llamada de una persona de seguridad de Alejandro, creo que era su representante en ese entonces, me marcó al cuarto de hotel donde me quedaba: "Señor Fernando, le hablo de parte de Alejandro Fernández, dice que si lo invita al partido", yo encantado, Alejandro era aficionado del Atlas. "Pero dice el señor Alejandro que si se puede ir con ustedes en el camión?" ¡Claro que sí!, le hablé a mi presidente del Club y no hubo problema, lo único que le pedí fue que llegara puntual, nosotros salíamos a las 2:30, y su seguridad tenía que irse aparte. Dicho y hecho, cinco minutos antes de salir, llegó Alejandro en un camionetón y se subió al camión con el equipo. Muy amable, nos saludó a mí y al presidente, y comenzó a saludar a los jugadores. ¡Ya se imaginarán!, todos vueltos locos con Alejandro.

Salimos hacia el estadio, era un trayecto de una media hora, y en eso dos o tres jugadores sacaron unos CDs para que Alejandro se los firmara, ¡incluso pusieron uno! Algo muy chistoso, porque en los palenques a Alejandro le avientan de todo, flores, peluches ¡hasta calzones!, y mis jugadores siempre traen un cambio de ropa para cambiarse terminando el partido, entonces entre canción y canción, con el ambiente a tope en el camión, mis jugadores ¡le empezaron a aventar sus paños menores!, era una fiesta, y mi presidente y yo encantados porque con eso los jugadores se estaban quitando la presión del partido. Alejandro se me acercó: "Fernando, ¿no te molesta que me vaya con ellos?" "Para nada", le dije que hablara con ellos, que los motivara para el partido, ¡nos acompañó hasta el vestidor!

Era el momento de salir a la cancha. ¡Ándale!, salir al campo con Alejandro Fernández iba a ser una locura, es un ídolo nacional, y claro, salimos y la gente muy emocionada, él se acercó a firmar algunas camisas, el ambiente era padrísimo. La cosa fue que me pidió quedarse conmigo en la banca, cosa que por reglamento estaba prohibido, pero ¡no le iba a decir que no a Alejandro Fernández!, se me ocurrió acercarme con Armando Archundia, árbitro con quien tenía buena relación, y le dije: "Viene con nosotros Alejandro Fernández, ¿se podrá poner en una silla, a un lado del cuarto árbitro? No me gustaría ponerlo en gradas, porque la gente no lo va a dejar ver el partido". "¡Claro!, ahorita hablo con la Comisión y le ponemos un lugar", lo sentaron en una banquita que estaba un metro abajo del nivel de cancha, al lado de nosotros.

Al medio tiempo, se acercó Alejandro, me dio las gracias y me dijo que se tenía que ir porque esa noche tenía una presentación, todavía se pasó un buen rato firmando camisas. Fue una muy bonita experiencia.

La siguiente temporada con Atlas fue difícil, no llegaron refuerzos y hubo muchos cambios en la directiva, llegó un nuevo presidente y un director deportivo. Empezó la temporada, el primer partido creo que lo empatamos en casa, el segundo parece ser que lo perdimos, y el tercer partido jugamos contra el América en el Estadio Azteca, recuerdo mucho un autogol del "Pollo" Salazar, luego vino un 2-0 y finalizamos con 3-0, muy mal partido. Regresamos a los vestidores, tristes, pero con ánimos de seguir adelante, yo me sentía seguro, platiqué con mis jugadores y comenzamos a planear el siguiente partido, ¡a darle muchachos! En esas estaba cuando se me acercó el presidente del Club y el director deportivo: "¿Cómo estamos? ¿Qué hacemos entonces?", ¡ah, caray!, yo me sorprendí, pues llegaron muy serios, disgustados, encarándome por el resultado. Volvieron a preguntar: "¡Qué hacemos?" "¿Qué hacemos de qué? ¡pues seguir!, viene un partido contra Veracruz, pero si ustedes piensan otra cosa díganme, yo no tengo problema en irme". ¡Ándale!, supongo que ya habían platicado ellos antes, porque me dieron las gracias en ese momento.

Una decisión que me tomó por sorpresa, porque se pudo hablar con el presidente, negociar las cosas, y la situación hubiera sido distinta. El único que sabía de mi despido era yo, todavía ese día me regresé al hotel con mis jugadores, porque bien pude haberme ido aparte, ya no tenía nada que ver con el Club, pero soy muy respetuoso con mi gente, entonces me subí al camión, muy triste, pero agradecido con los jugadores.

Aprovecho aquí para contar que en mi etapa como jugador en Atlas, mi entrenador fue Carlos Reynoso, al principio no hubo buena relación, pero ya después, me acuerdo perfectamente, nos encontramos en un partido de Leyendas, Guadalajara-América, él iba como entrenador y yo como jugador, yo ya más grandecito. El partido fue en Estados Unidos, y cuando nos vimos platicamos muy padre, como si nada hubiera pasado, una vez hasta jugamos golf juntos. Años después vino a Guadalajara a operarse con el doctor Rafael Ortega, con quien llevo una muy buena amistad, cuando me enteré fui a visitarlo, a saludarlo antes de su operación, cosa que me agradeció mucho. Ahorita no nos vemos mucho, él vive en Ciudad de México y yo en Guadalajara, pero si me lo cruzo en algún lugar lo voy a saludar muy bien, lo que pasó, pasó, ya no estamos en edad para seguir con tonterías.

Lo mismo con Tena, con Manzo, con varios jugadores, ahorita ya dejamos atrás todos los roces que pudimos tener por las ganas tremendas de ganar siempre, de ser mejor que el otro, de vencer al rival, y más al América o al Atlas, en su momento eso pesaba más, por eso aquella vez que perdimos contra América por un autogol mío me dolió muchísimo,

¡sentía que todo el estadio se me venía encima!, pero, repito, todo se quedó en la cancha. A veces la gente, los aficionados sí se lo toman más en serio, en la calle muchas veces me gritaban de cosas, o al mismo equipo nos la hacían de "tos", pero lo tenías que tomar de una manera fría, dolía, porque claro que te sentías mal, ese autogol que metí fue, especialmente, algo terrible para mí, pero, gracias a Dios la gente nunca fue cruel conmigo, salvo la ocasión de aquel accidente con el "Chima" Ruiz, ahí sí me llovieron los abucheos, sentí por primera y única vez ese rechazo de la gente, pero de ahí en fuera no, fueron más las muestras de afecto y eso lo agradezco mucho.

Yo, gracias a Dios, nunca sufrí un accidente grave, sólo una ocasión durante un entrenamiento en la cancha Anacleto Macías *Tolán*, en Guadalajara. Estábamos en un interescuadras y en el partido mandaron una pelota que estaba casi botando en el área grande. Mi portero en ese entonces era Alfonso Reynoso, que en paz descanse, la cosa fue que no nos hablamos, ni él ni yo nos gritamos: "¡Tuya!", y por la rapidez de la jugada, traté de despejar porque ya venía corriendo el "Diablo" Peralta, buscando el gol, yo con el afán de despejar con la cabeza, no me percaté que venía saliendo Poncho Reynoso a pegarle a la pelota, fue cuestión de segundos, tal vez milésimas de segundos, llegué yo primero, despeje y casi al mismo tiempo me encontré con el puño de Poncho dándome de lleno a un costado de la cabeza. Me acuerdo que caí redondito, había brincado para cabecear y el golpe me encontró en el aire, caí como costal y perdí el conocimiento. Cuando volví en sí ya estaba en la enfermería del club, tenía a mi lado al doctor y me habían puesto oxígeno. Me hicieron unas preguntas rápidas para darse una idea del daño: "¿Cómo te llamas? ¿Cuántos dedos ves?", me pasaron una lamparita en los ojos a ver si respondía de forma correcta y todo bien, pero el doctor me mandó directo al hospital, esto por la magnitud del golpe y por el hecho de que había perdido el conocimiento. Fue más que nada una conmoción, porque perdí el conocimiento sólo un minuto o dos, el tiempo que tardaron en llevarme de la cancha a la enfermería, pero de todas formas me llevaron al Hospital México Americano, que estaba cerca del Club. Me dejaron en observación 24 horas. Afortunadamente, en los estudios y la tomografía todo salió bien, no había ningún golpe que hubiera repercutido de manera significativa o que hubiera ocasionado algún coágulo. Me dieron de alta, llegó por mí mi familia y al día siguiente ya estaba entrenando como si nada. Pero fue un accidente que me espantó muchísimo, porque son golpes que pueden desencadenar cosas terribles, ya vieron lo que le pasó a Raúl Jiménez cuando chocó con la cabeza y tuvo la fractura de cráneo, entonces en ese momento me daba mucho temor que fuera algo más fuerte.

Otra lesión que a pesar de no haber sido muy grave me dolió mucho fue la de un esguince en el tobillo, ¿por qué? Porque justo ese día me enteré, gracias a un periodista, Carlos Albert, quien fue a verme a la enfermería, que Mario Velarde, quien dirigió a la Selección después del señor Bora, me había seleccionado nuevamente. Fueron sentimientos encontrados, estoy seguro que ese día lloré. Me daba alegría haber sido seleccionado, y al mismo tiempo sentía mucha tristeza e impotencia saber que no podría jugar, ¡estaba lesionado! ¿A qué iba? Y aunque pude haberme presentado, aun así, no tenía caso. Mi directiva mandó un comunicado a la Selección, un reporte médico informando que no iba a jugar, me dolió mucho.

Y aquí me viene otro recuerdo, yo pude haber jugado tres mundiales, el último hubiera sido Italia 90, tenía en ese tiempo 33 años, igual que Tomás Boy, pero, desgraciadamente por una falla de los directivos o de alguien más, no sé bien qué pasó, se dió el problema de los *cachirules*, donde alteraron las actas de nacimiento de algunos jugadores para poderlos meter a la alineación de una selección de jóvenes y México fue suspendido para jugar cualquier Mundial. ¡Qué lástima!

Voy a cerrar este capítulo contándoles mi breve paso con Jaguares. En esa ocasión, yo andaba sin trabajo, tenía meses que no me caía una oportunidad, pero como siempre he sido ahorrador tenía mi guardadito para ocasiones como ésta en la que no había chamba. Resulta que a mis hijos les encanta la nieve, entonces en un invierno decidimos, mi esposa y yo, llevar a los niños a Whistler, Canadá, unos días a esquiar; es un lugar precioso. Después de un día divertidísimo en familia bajamos a cenar a un restaurante y cuando volteamos vimos a tres mesas de nosotros ¡a los dueños de Farmacias del Ahorro!, Toño Leonardo y Max con sus familias, a quienes ya conocía de tiempo. Muy amables nos saludaron, reímos, platicamos un rato y cada quien de vuelta a su mesa. Pasó mes y medio, no más, cuando nuevamente el destino me sonrió y recibí una llamada de Toño Leonardo: "¿Cómo estás, Fernando? ¡Qué gusto verte aquel día! Te tengo una propuesta, ¿te interesaría ser entrenador de los Jaguares de Chiapas?" "¡Me encantaría!", le contesté. "Perfecto, entonces te quiero mañana a las 12 en el hangar número tal, del Aeropuerto de Guadalajara, te va a estar esperando un avión para que vengas y platiquemos con calma" ¡Ah, cabrón! Dicho y hecho, llegué al aeropuerto y ya me estaban esperando, despegamos, me llevaron a las oficinas centrales de Farmacias del Ahorro y en hora y media de plática ya había firmado para dirigir a Jaguares. Pero por circunstancias de la vida, una u otra cosa, sólo estuve cuatro meses en el Club, y chistoso, porque mi esposa vino a ver una casa que a mí me había gustado, una casona antigua pero muy bien conservada, a ella también le gustó y me dio luz verde. Me vine un mes antes que mi familia para ver cómo estaba la onda, asentarme un poco y después ella y mis hijos hicieron maletas para mudarse, se trajeron ¡hasta el perico!, y más tardaron en desempacar y trasladar todas las cosas en la mudanza, que lo que duró mi familia viviendo en Chiapas, ¡un mes nada más estuvieron ahí! Y no es culpa del equipo Jaguares y la directiva, en realidad nos trataron muy bien, les consiguieron un buen colegio a mis hijos, incluso el gobernador Pablo Salazar Mendiguchía fue un tipazo con nosotros, muy buena persona y gran aficionado al futbol, siempre estaré muy agradecido con él por todas las atenciones que tuvo conmigo, sin duda, una maravillosa persona. Pero las cosas con el equipo no iban bien, y con el dolor del mundo, me tuvieron que decir adiós, a pesar de la gran amistad que llevaba con el presidente Leonardo, ni modo. Aquí también debo detenerme para agradecerle de forma especial a Toño Leonardo por su confianza y la gran oportunidad que me dio de trabajar en su proyecto, gracias querido Toño, siempre.

Bien dicen, "no hay mal que por bien no venga", pues estando en Chiapas, aproveché para conocer, fui con mi familia a vacacionar, estuvimos en el Cañón del Sumidero, San Cristóbal de las Casas, pasamos una semana muy divertida conociendo por ahí, porque hay lugares maravillosos en el país.

Algo de lo que me siento profundamente afortunado es que, cada que me quedaba sin trabajo, venía otro mejor, siempre fue para mejorar en todos los aspectos como ser humano, en el sueldo, en los equipos, los resultados, el aprendizaje, todo fue para bien, gracias a Dios.

Estuve nuevamente unos tres o cuatro meses sin trabajo, lo aproveché para consentirme, jugar futbol, me iba a correr en la mañana, estaba muy motivado y con mucha energía.

Algo que recuerdo de la etapa posterior a Jaguares, antes de entrar a Chivas, es una campaña que hice dirigida a los jóvenes. En ese entonces todavía no existía el "Torito", y en Guadalajara empezó a haber muchísimos accidentes, no sé si en todo México, supongo que sí, pero en Guadalajara había muchísimos percances a medianoche, sobre todo con niños que salían del antro tomados, había mucha incidencia en el alcohol. No sé si también de drogas, pero sí de alcohol, y lo puedo decir porque las estadísticas en ese entonces nos las daba el Gobierno del Estado. Entonces se me ocurrió hacer un video en colaboración con Televisa Guadalajara, ellos me facilitaron todos los accidentes que ellos llegaban a grabar, sobre todo cuando había adolescentes, mi proyecto era que los muchachos y los jóvenes vieran con sus propios ojos lo que ocasionaba el alcohol si no regulabas su consumo. Nos tardamos como 15 días editando los videos, y le agradezco mucho al que en ese entonces era el director, Ricardo López Íñiguez, mi amigo, que me ayudó con todo el material. Hicimos un video de 10 minutos de puros choques y accidentes.

Ahora fíjense lo que son las cosas, me acuerdo que había un jugador, César Andrade, que pintaba para ser un jugadorazo del Atlas, en ese entonces tuvo un accidente, él y otro jugador, Javier Amador Palacios, ambos saliendo de un bar se fueron a estrellar contra una viga de contención, una cosa terrible, a César Andrade le tuvieron que amputar una pierna y Javier también quedó muy mal, ninguno de los dos volvió a jugar. Entonces, ya con el video en mano, fui personalmente con los directores de algunos colegios, les expuse mi proyecto y fui a varias escuelas, institutos y a algunos clubes deportivos. Me acuerdo muy bien del Guadalajara Country Club porque fui acompañado de César Andrade, le hablé por teléfono antes y quise platicar con él, le dije: "César, estoy haciendo este proyecto y me gustaría que nos ayudaras, que fueras a dar tu testimonio, no sé si puedas y quieras", porque él también iba a empezar con un proyecto similar. Él aceptó con mucho gusto y fuimos a dar las pláticas a algunas escuelas, recuerdo que hubo buena asistencia de parte de los jóvenes y padres de familia. Empecé con mi charla enseñándoles el video, me la quise echar rápido para darle más tiempo a César, porque imagínense, pegaba más el testimonio de alguien que lo había vivido en carne propia. Y así fue, César dio su testimonio, un testimonio muy motivante, pero también muy triste, mucha gente lo vio y le llegó el mensaje por la forma tan emotiva en la que contó su historia, una verdadera desgracia.

II. ¿El Ferguson de las Chivas? No, ¡el Sheriff!

Pasaron los años y vino una oportunidad soñada para mí, porque uno de mis mayores sueños era dirigir a Chivas.

Un día recibí una llamada de Jorge Vergara ofreciéndome ser entrenador de las Chivas, ¡no podría creerlo!, era magnífico, yo estaba muy emocionado, pero al día siguiente de la llamada me enteré que Chivas estaba presentando a su nuevo entrenador ¡¿cómo?!, ni modo, me quedé como el chinito, "nomás *milando*", a lo mejor la directiva apenas estaba sondeando y a la mera hora se decidieron por otro.

Pasaron otros dos años y recibí la misma llamada, mi corazón a tope. "¿Cómo estás, Fernando? ¿Qué te parecería dirigir Chivas?" "Ya te había dicho que sí, pero me dejaste colgado la vez pasada". "Perdón, pero ahora sí es en serio, ¿te parece si platicamos mañana?" ¡Y que me la vuelven a aplicar! Nada más me emocionaron y al poco tiempo contrataron a otro director. Me puse muy triste, pero la ilusión seguía.

Pasó el tiempo, creo que un año, y un día estaba comiendo en mi restaurante con mi familia, eran eso de las dos de la tarde, tenía a mi mamá y a mi esposa a un lado, cuando me llegó, por tercera vez, la ansiada llamada. Me levanté de la mesa y me alejé un poco para contestar, ya hasta risa me daba: "¿Qué pasó Jorge? ¿Ahora sí?", él también se rio y me preguntó si podía verlo en su casa para platicar. Obvio le dije que sí, nada más le pedí que me dejara terminar de comer y que en 45 minutos estaba allá, todavía me apuré a comer, ¡no se me fuera a echar para atrás de nuevo, ja ja ja!

Llegué rápido a su casa, estaba cerca de mi restaurante, comenzamos a platicar muy bien, llevábamos buena relación y me la soltó: "Creo que es tu oportunidad, necesito una persona con tus características, líder, que motive a los jugadores, que dirija al equipo y sienta los colores del club". Ese día me hizo una especie de entrevista, como el gran empresario que era, me hizo dos o tres preguntas, de la que me acuerdo fue: "En un momento de crisis, ¿cómo reaccionas?" "Platico con mi gente, pido puntos de vista, evalúo la situación y tomo una decisión, por muy difícil que sea", le contesté.

El equipo pasaba por un momento difícil, ese torneo en específico estaba muy cerrado, los primeros lugares estaban peleados, del primero al octavo lugar había apenas cuatro o cinco puntos de diferencia. El entrenador era José Luis Real, un gran compañero mío en Chivas cuando debuté, un gran entrenador, por cierto. Él dejó al equipo en quinto lugar, me parece, los últimos partidos no habían traído buenos resultados y el equipo se estaba rezagando.

Después de un buen rato de plática, cerramos el trato, me iban a presentar ese mismo día en la tarde, yo feliz, tanto así que acepté de inmediato, lo que me importaba era cumplir uno de mis sueños: ser entrenador de Chivas.

Nos vimos más tarde en el club, la gente estaba muy feliz con mi llegada, empecé a armar mi cuerpo técnico y me ofrecieron que se quedara Héctor Real, yo encantado porque él ya conocía al equipo y además tenía conocimientos de la cantera. También se sumó Sergio Lugo Barrón, que había sido auxiliar de Víctor Manuel Vucetich y venía muy bien preparado. También estaba con nosotros Armando "Picus", el preparador físico.

Me fue muy bien como entrenador de Chivas, de los siete primeros partidos, seis me mantuve invicto y quedé como líder general, el equipo reaccionó muy bien y estábamos contentos todos, pero, como dicen por ahí, nos tocó "la maldición del líder". Como habíamos quedado en primer lugar, nos tocó disputar el primer partido contra el octavo de la tabla, Querétaro, dirigidos por Pepe Cardozo. Primero jugamos en Querétaro, allí perdimos 2-1. El partido fue difícil, empezamos mal, perdiendo 2-0, pero faltando 10 minutos, en una jugada llegó por atrás el "Chatón" Enríquez, cabecea y ¡gooool!

A pesar de la derrota, el equipo jugó bien, estábamos en un buen momento y cualquier cosa podía pasar, nada más teníamos un gol de diferencia, si bien no iba a ser un partido fácil en Guadalajara, teníamos la ventaja de ser líderes, con un 1-0 que ganáramos pasábamos a la siguiente ronda. El partido de vuelta fue complicadísimo, prácticamente fue un partido de un solo lado, Chivas jugando excelente, llegábamos, centros, jugadas, siempre atacar, atacar, atacar. El portero de Querétaro era Liborio Sánchez, que acababa de salir de Chivas, lo traíamos en friega, si contáramos los *corners* que hubo en el primer tiempo, tan sólo pensaría en unos 10 o 15. No todas las jugadas fueron de peligro, eso sí hay que decirlo, pero sí estuvimos sobre ellos durante todo el partido.

Llegó el segundo tiempo, hicimos algunos cambios, pero no podíamos abrir hueco para anotar, todo el equipo rival se echó para atrás. Faltando 30 segundos de juego, llegó un *corner*, era un momento clave, ¡hasta yo me quería meter a rematar!, era la última jugada más los pocos minutos que se le agregaran, en ese entonces no se le daban tantos como ahora, si acaso dos o tres minutos. Se dio la jugada del lado derecho, donde estaba mi banca, vino el *corner*, la pelota quedó casi en el manchón de penal, llegó uno de mis jugadores a pegarle con todas las ganas, ¡yo casi me tiro al piso festejando el gol!, Liborio reaccionó y se interpuso entre el balón y la meta, alcanzó a desviarla con la mano, la pelota voló formando una parábola y pasó por encima del arco de Querétaro dejándonos fuera de la liguilla.

Fue un momento muy triste para mí como entrenador, pero ni modo, felicité también a Liborio, quien ha dicho en distintas entrevistas que ese fue el partido de su vida, y lo entiendo, a veces cuando juegas contra tu ex equipo quieres darlo todo para demostrar lo bueno que eres y lo que perdieron al dejarte ir.

Después de esa derrota empezamos a pensar en el futuro, a fin de cuentas la vida sigue, lo que me preocupaba era que venían las Olimpiadas y nos iban a quitar a varios jugadores, a Ponce, al "Chatón" Enríquez, y así a cuatro o cinco. Hablé con Jorge Vergara y le dije que íbamos a necesitar refuerzos, pero su respuesta fue: "Fernando, no vamos a hacer eso, ¿le entras así o no?" Ya había hablado antes con Sergio Lugo y él me había dicho que, si no nos daban refuerzos, nos fuéramos, total, habíamos quedado primeros en tabla, cualquier equipo nos iba a contratar.

Pero yo no me quería ir de Chivas, así que hablé con Jorge y le insistí en que trajera al menos a uno o dos refuerzos. Yo estaba dándolo todo por Chivas, es más, ¡quería ser el Ferguson de las Chivas!, ¡era mi sueño, yo conocía su historia, había portado la camiseta, sabía la misión del equipo, el cariño de la afición, había pasado muchas cosas con el equipo de mis amores y mi más grande ilusión era llevarlo a un campeonato!

Por eso me quedé en el equipo, reuní a mi cuerpo técnico y compartí el plan para la nueva temporada. Casi todos estaban de acuerdo, la mayoría era gente de casa, el único que todavía estaba indeciso era Lugo. Nos dieron unos días de vacaciones y el equipo estaba prácticamente hecho, seleccionamos a algunos chavos de las fuerzas básicas de Chivas para que nos apoyaran y estructuramos un buen equipo.

A la par, tenía planeado un viaje familiar de dos o tres días a Miami porque me habían invitado a un programa: "República deportiva", y con todos los gastos pagados, pues ¡hay que aprovechar! Le comenté a Jorge y coincidió que él también iba a estar por allá, así que acordamos vernos para cenar y platicar sobre los planes del equipo, todo muy bien.

Pero empezamos muy mal la temporada, el primer partido lo perdimos y el segundo creo que empatamos, yo me sentía muy triste porque no veía a mi equipo con la fuerza con la que habíamos estado en la temporada pasada, y era lógico, nos faltaban tres o cuatro jugadores del cuadro titular, aun así, los que estábamos dábamos el máximo esfuerzo.

Llegamos al tercer partido, contra Xolos, me acuerdo, y aquí las cosas cambiaron, no veía a mis Chivas con esa hambre de triunfo, con esa sed de ganar, con esos ánimos que uno como entrenador espera de su equipo. Esto no lo externé con mi cuerpo técnico, pero me sentía muy triste. En el minuto 25 del segundo tiempo, minutos más, minutos menos, no pude más y le comenté a "Checo" Lugo: "Si no ganamos este partido, renuncio". "Checo" no me lo creía, me decía que estaba loco, que tanto había peleado por estar ahí, como para renunciar tan pronto. Y ahorita que lo pienso, sí, fue una locura, pero yo me sentía muy frustrado con el equipo.

Terminó el partido y perdimos, creo, 2-0. "Me voy, `Checo´, me voy", Lugo intentó calmarme, dentro de todo me imagino que no creía que en realidad fuera a renunciar, había tenido un cierre de temporada anterior muy bueno, de hecho habíamos quedado como líderes generales y apenas llevábamos tres partidos en la nueva temporada. Pero yo estaba decidido, creo que también fue una decisión que tomé por impulso, me faltó enfriar cabeza.

Esta decisión tan repentina me dejó una gran enseñanza para la vida, no debemos tomar decisiones de forma arrebatada o cuando estemos bajo mucha presión, lo enojados o molestos con el funcionamiento de las cosas, lo mejor es reflexionar con calma, tener cabeza fría y evaluar la situación para tomar una decisión.

Acabando el partido bajamos a los vestidores, los jugadores estaban tristes por la derrota, yo frustrado. Me metí a un cubículo destinado al cuerpo técnico, le hablé al preparador físico y al asistente y les avisé que iba a renunciar, ellos, sorprendidos, me dijeron que me calmara y lo pensara mejor. En eso estábamos cuando llegó Rafael Ortega, un ex jugador de Chivas, mi presidente en ese momento y un gran doctor actualmente, traumatólogo que atiende a muchos futbolistas desde hace años. En ese momento, cuando le comuniqué mi decisión de dejar el equipo, me dijo: "¡Estás loco! El siguiente partido es contra Pumas, allá empatamos o ganamos y recuperas al equipo", pero yo no escuchaba razones, estaba como poseído, no hubo poder humano que me hiciera cambiar de parecer.

Salí del vestidor, me dirigí a la rueda de prensa y antes de contestar cualquier otra pregunta, la solté: "Señores, buenas tardes, no va a haber preguntas y respuestas, sólo quiero informarles que hace unos momentos le presenté mi renuncia verbal al presidente Rafael Ortega. Dejo al equipo esperando que venga otra persona que sí pueda levantarlo. Gracias por todo". Me levanté, salí de la sala de prensa destrozado y me encontré con mis hijos, quienes habían escuchado la noticia por el radio, no pude más que abrazarlos, darles un beso y las lágrimas empezaron a correr por mis mejillas. Fue cuando me cayó el veinte de lo que había hecho.

Regresé a los vestidores, con mi gente, y era un silencio sepulcral. Sentí que lo mejor que podía hacer era despedirme de mis jugadores como se lo merecían, los reuní a todos, algunos se estaban bañando y los hice salir, casi, casi, en toalla: "Muchachos, acabo de presentar mi renuncia, ojalá venga alguien que lo haga mejor que yo y saque lo mejor de ustedes". Pasé con cada uno a darle la mano, un abrazo y despedirme como se debía. Pusieron una cara de que no se la creían, me preguntaban el porqué de mi decisión, fue un momento muy sensible para todos.

La mayoría de los entrenadores se quedan, mínimo, siete o diez partidos hasta que los corren y así puedan cobrar más, pero yo no quería eso, el dinero era lo menos importante para mí, lo que me importaba era mi orgullo, mi yo interno, mi yo triunfador, mis ganas de ganarlo todo. Incluso Sergio me decía: "¡Espérate, Fernando, al menos espérate a que nos paguen", pero eso no me importaba, ¡yo quería irme!

Fue uno de los momentos más tristes de mi carrera, una decisión que me costó mucho y de la cual me arrepiento por la manera en que llevé las cosas, me ganó la soberbia y el ego, porque en ese entonces Chivas cambió varias de veces de entrenador por la ausencia de resultados. Ahora con el paso de los años, me doy cuenta que mi pensamiento fue: "Prefiero renunciar antes de que me corran", porque bien pude esperarme al término de mi contrato, pero me dejé llevar por la soberbia y no hubo poder humano que me hiciera recapacitar.

Sabía que tenía que despedirme de Jorge, él me había dado la gran oportunidad de mi vida y estaba agradecido. Le hablé por teléfono varias veces, pero no me contestó, me informaron que estaba en la Ciudad de México, pero que me podía recibir en su casa al día siguiente.

Regresé con el equipo, nos trasladamos al hotel donde nos hospedábamos y de ahí cada quien para su casa, todavía yo me quedé en el bar con algunas personas de mi cuerpo técnico, platicando un rato, analizando la situación, yo estaba muy triste, apenas asimilando lo que había hecho, pero ya no me podía arrepentir. Ahora que lo pienso, siento que yo tenía la ilusión de que al día siguiente Jorge me dijera: "Piénsalo bien, cabrón, no pasa nada, no te acepto la renuncia síguele en el equipo".

Llegué a mi casa a eso de la una de la mañana, platiqué todavía un rato con mi esposa y me fui a dormir con la esperanza de un nuevo día. Al día siguiente ya no me presenté al club, me comuniqué de nuevo con Jorge y me dijo que lo podía ver a las 9 de la noche en su casa, él venía aterrizando de un vuelo de la Ciudad de México.

Llegué puntual a su casa, me recibió muy bien, comenzamos a platicar, le expliqué las razones de mi renuncia, que el equipo ya no funcionaba como yo quería, a los jugadores no los veía como antes, no me sentía cómodo, etcétera. ¡Obvio no le dije que después de 12 horas de pensarlo, me había arrepentido de mi decisión! Así estuvimos un rato, Jorge me escuchó, pero no me dijo nada, quizá estaba enojado porque nadie le había renunciado, nos dimos las gracias y, ¡adiós!

¿Qué me llevo de esta experiencia? El no hacer las cosas ni tomar decisiones cuando estás enojado o triste, cuando no estás en tus cinco sentidos, es lo peor que puedes hacer en la vida. Aprendí mucho de esto.

Mi renuncia con Chivas fue un arrebato, estaba cegado por las circunstancias porque a lo mejor los muchachos sí estaban dando su mejor esfuerzo, pero yo no lo vi, me aferré al equipo que tuve la temporada anterior y nunca llegué a acomodarme con el nuevo; en fin, fueron muchos factores que me llevaron a esto.

La semana que siguió fue muy complicada, tanto para Jorge como para mí, vinieron una serie de declaraciones muy polémicas, así era Jorge, polémico. En esas ruedas de prensa surgieron comentarios muy fuertes, la mayoría negativos sobre mi salida de Chivas como aquel famoso: "A Quirarte le dimos un Ferrari y lo convirtió en un Bocho". La verdad me hizo reír, le contesté a través de la prensa que eso no era verdad ¡al contrario!, con lo que teníamos habíamos quedado como líderes y lo demás no fue por mi desempeño como entrenador. En fin, nos enfrascamos en una serie de declaraciones, así era él, en el buen sentido de la palabra, polémico, porque hasta eso le aprendí a Jorge, él tenía un carácter decisivo y sus declaraciones nunca fueron ofensivas hacia mi persona.

Jorge Vergara fue una persona con una personalidad muy fuerte, "genio y figura", dicen. En cada rueda de prensa salían comentarios tanto de él como míos que nos enfrascaron en una verdadera enemistad. Y así de mediático como era él, yo no estaba ni un solo día en el que no tuviera a la prensa afuera de mi casa, llamando día y noche, siguiéndome a todos lados para que les diera entrevistas, fueron semanas de mucho estrés y mucho enojo.

Llegó el día que no aguanté más, estaba hasta la madre de tanto relajo, platiqué con mi esposa y le dije que ya no quería discutir más, prefería alejarme un tiempo y dejar que las cosas se enfriaran, no quería terminar mal con Jorge porque de verdad estaba agradecido con él por la oportunidad, así que le hablé a uno de los socios de mi restaurante, muy amigo mío, Eugenio Torre Valero, "Tin", que estaba recién divorciado y vivía en San Diego; le dije: "Cabrón, ya no aguanto, dame chance de pasar unos días en tu casa en San Diego, quiero desconectarme de todo este relajo", él me abrió las puertas de su casa, coincidió que estaba con otro buen amigo mío y pocos días después ya estaba en el aeropuerto tomando un vuelo.

Aterricé al mediodía en San Diego y me fui directo a casa de mi amigo, estuvimos platicando y después de un rato "Tin" nos invitó a cenar a un restaurante cercano, éramos unos tres o cuatro amigos. Llegamos al *Eddie V's*, un restaurante de carnes espléndido, a eso de las 7 de la noche; nos sentamos, pedimos unas entradas, una copita de vino, les platiqué los problemas que tenía con Vergara, mi frustración y enojo, el acoso de la prensa y las ganas que tenía de mandar todo a la chin… De repente me dieron ganas de ir al baño, me levanté, fui al WC, regresé, y cuál va siendo mi sorpresa que, en una mesa al otro lado del restaurante, lo primero que vi fue al mismísimo ¡Jorge Vergara! ¡En la madre! Yo me había ido a San Diego para descansar de los problemas con Jorge y me lo fui a encontrar ahí ¡el mismo día que llegué a Estados Unidos!, no me lo podía creer, estaba realmente muy sorprendido. Pero bien dicen: "El que nada debe, nada teme", así que me acerqué a saludarlo muy tranquilo, él me respondió igual, nos deseamos buen provecho y me regresé a mi mesa. "No vayan a voltear", les dije a mis amigos, "pero allá atrás está ¡Jorge Vergara!". "¡¿Quién?!" "¡Cállense! ¡Les dije que no voltearan!" De nuevo me entró el coraje, pero mis amigos me calmaron y terminando de comer nos fuimos a otro lado. Así de "suertudo" soy.

Ahí quedó la cosa, yo estuve unos días más en San Diego y luego regresé a Guadalajara. Pero la vida es muy chistosa, porque al mes de habérmelo encontrado en Estados Unidos, fui a un evento de un amigo, Memo Romo, donde se reunían varios empresarios de Guadalajara. Acababa de llegar, apenas estaba dándole el abrazo a Memo cuando me dijo: "No vayas a voltear, pero viene llegando Jorge Vergara directo a saludarme". ¡Ándale!, pero aquel encuentro en San Diego me había confirmado que no había ningún problema entre él y yo, así que nos saludamos nuevamente como si nada, intercambiamos dos, tres palabras y todo bien.

A los quince días estaba yo en mi restaurant, cuando me llegó un capitán: "¿Ya vio quién está comiendo ahí en la esquina?, Jorge Vergara" "¿Cómo? ¡Ah, que padre!", estaba Jorge con dos amigos, me dio gusto y me acerqué a saludarlo. Él nuevamente muy amable hasta me invitó a sentarme con ellos y aproveché para comentarle: "Qué bueno que te vuelvo a ver Jorge, fijate que quería platicarte algo bien chistoso. ¿Te acuerdas hace un mes que te vi en San Diego? ¿Por qué crees que me había ido para allá?", él se empezó a reír: "Ya me imagino cabrón, porque hiciste una cara ¡como si se te hubiera atorado una escoba en la garganta!", "pues sí, Jorge, ¡yo me había ido a San Diego para ya no tocar más el caso de la renuncia! ¡Y lo primero que me encuentro apenas siete horas de haber llegado, es a ti! ¡Qué chistosa es la vida!" Me dio mucho gusto platicar con él porque eso significaba que lo demás estaba olvidado.

Tiempo después cuando Chivas fue campeón con Matías Almeyda, recibí una llamada a eso de las 11 de la noche: "Le hablamos de parte del señor Jorge Vergara, le pregunta si puede ir con el equipo a festejar el campeonato en su restaurante. Serían unas 50 personas" ¡Yo encantado! Estaba en mi casa ya en pijama, pero me cambié rapidísimo de ropa y me fui al restaurante, hablé con mi capitán y mi gente y les pedí que se fueran preparando para recibir al equipo, pusimos diez cortes de carne y preparamos una botanita, en eso me volvieron a marcar: "Oiga, siempre no, el equipo va a ir a otro lado". Ni modo, se repartieron esos cortes entre los meseros. Creo que prefirieron ir a "Educare", una escuela que tiene Jorge.

A partir de ahí la relación fue muy cordial, las veces que nos vimos nos saludamos con mucho gusto, en varias ocasiones iba al palco a saludarlo y platicábamos muy bien. Después vino la enfermedad de Jorge y tuvo que mudarse a Nueva York, me acuerdo que poco antes de que Jorge partiera me encontré con Amaury Vergara, su hijo, en un evento y le pregunté por su papá, me contó que ya estaba muy delicado de salud, así que le mandé un WhatsApp a Jorge deseándole la recuperación. Lamentablemente se fue al poco tiempo.

Su muerte fue muy triste, yo me enteré a través de los medios. Fui después a la misa que le organizaron en el Estadio Akron, una misa muy bonita y emotiva, pusieron una foto enorme de Jorge en la cancha, dieron un servicio al cual asistió mucha gente, jugadores, ex jugadores, directivos, todos estuvieron en el homenaje a Jorge Vergara.

Ese último año que Jorge vivió en Nueva York tuvimos algunas llamadas y mensajes, ya no me pude despedir de él en persona, pero lo recuerdo siempre con cariño. Le estaré agradecido toda la vida por darme la oportunidad de cumplir el sueño de dirigir a las Chivas. Jorge era una persona visionaria, innovadora, con una personalidad tremenda, un motivador al 100%, tanto en sus eventos empresariales como en su papel de dueño de las Chivas; recuerdo una ocasión que le dio una regañiza al equipo por una derrota recién empezado el torneo, fue una cosa muy dura, ese regaño no me tocó a mí, pero se hizo muy viral porque puso a los jugadores en cintura: "A ver, cabrones, ¿cuándo les he quedado a deber algo? Yo tengo muchos problemas, problemas con abogados, problemas de salud, y nunca me quejo", fue una regañiza apoteósica, así era el carácter de Jorge, una persona muy motivadora a su estilo y muy bueno en lo que hacía.

Jorge dejó un gran legado, me enseñó mucho de su forma de trabajar, de tratar a la gente; él lo hacía muy bien. Ayudaba mucho, de hecho, ahorita sigue activa la Fundación Jorge Vergara, a la que le da mucho seguimiento su hijo Amaury que, por cierto, acaba de dar su visto bueno para ayudar a un ex jugador de Chivas de los años 70, Alberto Onofre, quien perdió la oportunidad de ir al Mundial por una fractura apenas quince días antes de iniciar, fue una desgracia porque durante un entrenamiento, chocó con otro compañero, fracturándose la espinilla y de ahí no pudo recuperarse. Apenas lo acaban de operar de un riñón y Amaury Vergara, a través de la fundación de su papá lo está apoyando al 100%. Así es el legado Vergara, con eso me quedo, ¡saludos al cielo, querido Jorge!

Ser entrenador de Chivas fue algo increíble, y se dió gracias a Jorge, que en paz descanse, pues él me dio la oportunidad de dirigir al equipo de mis amores, fueron momentos de infinita alegría. De estar al frente de un equipo con mucha identidad y arraigo mexicano, de un equipo al que amo por sus colores, por lo que significa Chivas para mí y por su afición, una afición que exige mucho pero que apoya también con toda el alma, en fin, ser entrenador de Chivas lo defino como un sueño cumplido.

Actualmente me gustaría mucho regresar a dirigir un equipo, no puedo hablar en pasado cuando hablo sobre mi carrera como entrenador, sé que con el paso de los años es más difícil, pero estoy convencido de mis capacidades y lo que puedo lograr. Porque ser directo técnico es una profesión hermosa, también difícil, pero a final de cuentas una profesión que te da muchas alegrías. Eso sí, creo que se sufre más como entrenador que como jugador, de eso no me cabe la menor duda.

12. Mi paso como analista deportivo

He tenido muchas facetas en mi vida, una de ellas es como analista deportivo en Fox Sports, esos años fueron de mucho aprendizaje. Todo empezó hace tiempo, en aquel entonces ¡de nuevo me quedé sin trabajo!, afortunadamente me llegó una invitación de Televisa para empezar como analista en los partidos de Chivas, así estuve un buen rato, comentando los partidos junto a gente muy reconocida como el "Perro" Bermúdez, Raúl Sarmiento, Javier Alarcón, Juan Pablo Romero, Pablo González, Paco Villa, que en paz descanse, Roberto Guerrero Ayala, y varias personas muy capaces. Así estuve un buen rato, después llegó el Mundial de Francia 98 al que desgraciadamente no llegamos al quinto partido, pero donde se me abrió la oportunidad, gracias a un amigo que era el director en ese entonces de Televisa Guadalajara, de ir como comentarista. Estaba yo muy emocionado, pero, al momento de intentar sacar mi certificación para irme, me faltaron unos papeles o no sé qué cosa, y no pude ir de manera oficial, pero sí me fui de manera externa con unos amigos que conocía de Televisa.

El Mundial al que sí fui como comentarista y que recuerdo con mucho cariño es el de Sudáfrica. En ese entonces seguía trabajando con Televisa, y la empresa mandaba casi siempre a sus mismos comentaristas, para entonces ya nos conocíamos muy bien como compañeros, puedo mencionar a Paco Villa que en paz descanse, tuve el gusto de estar con él en varios partidos, lo mismo con Raúl Sarmiento, Enrique el "Perro" Bermúdez, con el que tengo varias anécdotas; ahí les van algunas.

En aquel Mundial tuvimos la fortuna de estar todos los compañeros en el mismo hotel. Resulta que el "Perro" y yo nos volvimos buenos amigos, solíamos llegar juntos a los partidos que íbamos a comentar, entonces rentamos un carro para trasladarnos a las diferentes ciudades donde se jugaba. En un inicio no nos habían entregado el GPS, así que ahí nos tienen, al "Perro" y a mí ¡perdidos en Sudáfrica!, a veces manejando él, a veces manejando yo, pero a puras mentadas de…: "¡Era por allá!" "¡Era por acá!" "A ver quítate, manejo ahora yo". Batallábamos con que ahora a la izquierda, no, era a la derecha, se nos pasaba una salida, en fin. Teníamos que llegar una hora antes al partido para ver las alineaciones, entonces era un desmadre. Me acuerdo que una vez llegamos media hora antes y nos regañaron bastante. El "Perro" y yo lo platicamos: "Yo creo que no tiene caso que nos estemos peleando, tenemos que contratar un chofer", y santo remedio, ahí andábamos para todos lados con el chofer, ya no hubo ningún problema.

Aquel Mundial de Sudáfrica lo disfruté muchísimo, estuve casi un mes fuera de casa y conocí el país, la comida, todo fue algo nuevo y de mucho conocimiento. Recuerdo que cuando nos íbamos a regresar tras quedar eliminado México, convivimos con Beto García Aspe, quien después fue compañero mío en Fox. Teníamos nuestros boletos de regreso para algunos días después, así que nos pusimos de acuerdo para ver si podíamos hacer algún tour, irnos a la selva a ver leones, jirafas, un safari vaya. Fuimos a uno como a dos horas de Sudáfrica, no me acuerdo del nombre del lugar, la verdad fue hace muchísimo tiempo, pero fue un safari muy padre, muy divertido, el pasar en un Jeep a un lado de los tigres a 30, 20, hasta 10 metros, o de las jirafas y los hipopótamos, era algo que nunca había vivido. Fue una experiencia muy padre con este grupo de amigos, y nada más por decir algunos, iba Sarmiento, Bermúdez, Beto García, Anselmo Alonso, en fin, una experiencia la verdad muy bonita.

Debo decirles que la comida en Sudáfrica es muy diferente a lo que estamos acostumbrados. Un día llegamos a un lugarcito donde tenían un show, había gente vestida con trajes típicos, bailando y animando. La comida era buffet y me acuerdo que llegamos a la barra donde había una olla que estaba sacando vapor, olía ¡pa´ su madre!, ¡espantoso! En eso llegó el "Perro", la olió y dijo: "¡Huele riquísimo!", se sirvió un plato enorme de esa sopa. Yo la verdad, no quise ni probarla, pero me dio curiosidad y le pregunté a una señorita: "Oiga, ¿qué es eso?", "sopa de culebra", ¡ándale! ahí tienen al "Perro" entrándole a la sopa, ¡qué buen estómago tiene el "Perro"! En esas estábamos platicando cuando casi, casi, se tuvo que parar corriendo al baño porque ¡algo le había caído pesado! Imagínense, sopa de culebra, nunca la he probado y creo que nunca la probaré.

El "Perro" es un tipazo, tiene cada ocurrencia, de todo te saca un chiste. Acuérdense del: "¡Zambombazoooooooo!" o del: "Donde las arañas tejen su nido", tantas cosas que sacaba que te morías de risa, siempre estabas contento con el "Perro", tiene un buen sazón al hablar.

Aunque no me tocó narrar muchos partidos de la Selección Nacional siempre traté de ser cuidadoso con mis críticas. Sé bien como jugador que se pueden malinterpretar algunas veces los comentarios que hagas sobre tal o cual jugador o sobre el desenvolvimiento que tuvieron en la cancha, como jugador sé lo difícil que es. También como entrenador, yo trato de defenderlos lo más que puedo, ¿por qué? Porque sé que muchas veces la crítica es injusta o es siempre contra el entrenador. Uno debe ser más crítico, hacer una crítica constructiva. A mí mucha gente me pregunta: "¿Cómo le haces cuando Chivas juega mal?", ni modo, tengo que decir que jugó mal porque si digo que jugó bien, después la gente no me va a creer, va a decir: "El señor está hablando con la camiseta", y yo creo que a la gente le gusta más si alguien que jugó con esa camiseta está siendo objetivo con sus comentarios, mostrando ser un buen analista. Y al revés, de hecho, mi hija me regaña mucho cuando no le gusta cómo juegan las Chivas, me lo dice: "Papá, hoy no criticaste a las Chivas y lo están haciendo fatal", pero si para mí jugaron bien, ni modo, lo voy a defender. Todo ese tipo de cosas creo que te hacen más profesional. A menos que quieras inventar, yo creo que son apreciaciones, puntos de vista, así como los árbitros, si para un árbitro fue penal y para el VAR no lo fue, ni modo, el árbitro es el que manda.

Bueno, luego del mundial regresamos a Guadalajara y seguí con mi trabajo en Televisa un tiempo hasta que los directivos me dieron las gracias.

Pasó alrededor de un año cuando recibí una llamada del señor Ernesto López, que en paz descanse, una persona que estimo y recuerdo muchísimo y que siempre le estaré agradecido por su forma de tratar al empleado, al trabajador, de verdad, pocos como él. El señor Ernesto López me hizo la invitación para ir a platicar en Ciudad de México y negociar mi participación en unas mesas de debate de un programa en Fox, primero en "La última palabra" y luego en "Fox Radio". Le dije que con mucho gusto, me mandaron mi boleto y volé a la Ciudad de México al día siguiente.

Nos quedamos de ver en el restaurante del Hotel Royal Pedregal para comer y platicar, me comentó cómo era el programa, lo que esperaba de mi participación y me hizo una propuesta que en ese tiempo era muy interesante, la verdad no dudé. Acepté y a la siguiente semana me integré con ellos en esa mesa donde también tuve la oportunidad de trabajar con gente muy capaz como Alex Blanco, André Marín, que en paz descanse; Fabián Estay, Alex Aguinaga, Gustavo Mendoza, Yayo de la Torre, García Aspe, Rubén Rodríguez, Rafa Márquez Lugo, el "Ruso" Brailovsky, Óscar Guzmán, por decir algunos nombres.

Aquí sí fue muy diferente, yo nunca había trabajado de esta manera, pero fue muy padre debatir, pelearte a veces, ¡porque sí te peleas de verdad! Tuve peleas fuertes con Marín, por ejemplo, o con el "Ruso", a veces nos calentábamos porque él defendía al América y yo defendía al Guadalajara, y algunas veces mis argumentos no eran suficientes porque Chivas no andaba bien y de ahí se aprovechaba el "Ruso". Porque, claro, a veces es difícil defender a tu equipo cuando los resultados no se dan. En cambio, cuando el resultado era bueno ¡ahí me las cobraba!, eran entrones muy duros. Llegábamos al foro del programa y nos comenzaban a preparar las señoritas de maquillaje con esos polvos que te ponen en la cara para que no brilles en el set, y desde ahí Alex Blanco, Rubén Rodríguez y el mismo "Ruso" empezábamos a jugar: "¿Qué pasó con tus Chivas cabrón? Perdieron ayer", al principio como chiste, pero ya se empezaba la cosa a caldear, la verdad siempre con respeto. De ahí pasábamos una media hora antes de iniciar el programa al foro donde nos ponían los micrófonos y revisábamos nuestras notas, yo siempre tenía mis apuntes para estar prevenido, ahí es donde empezaban las discusiones fuertes, alzabas la voz tratando de defender o de ensalzar a tu equipo, de decir que las cosas estuvieron duras, que fue un gran gol, que no fue un buen gol, eso sin mencionar los gritos: "A ti siempre te ayudan los árbitros". "Tu delantero es un puerco...", todo eso se ponía en la mesa y a veces se levantaba mucho la voz. No pasaba de que nos levantáramos y uno que otro se salía del set. Ya al día siguiente llegabas y, si teníamos que hablar de algo como equipo de trabajo, nos juntábamos y lo hacíamos, no con todos, pero sí con la gran mayoría. Fíjense lo que son las cosas, en la actualidad, independientemente de los equipos que defendimos, de la camiseta que respetamos, el "Ruso" y yo tenemos buena amistad, seguimos en comunicación y hace poco hicimos un video para YouTube sobre la Selección Mexicana donde estuvimos hablando Alex Blanco, Rubén Rodríguez, él y yo, esto después de dos años de salir de Fox, nos volvimos a encontrar y fue muy padre. Me acuerdo que estando yo allá tuvo la atención de invitarme a la boda de su hija, en Cancún, nos fuimos mi esposa y yo. Se me hizo muy buen detalle el que me haya invitado.

Otra cosa de estos programas, es que el conductor intenta sacarte de tus casillas, a veces lo logra a veces no, todo es parte del show, a final de cuentas sabes que ahí queda todo, como dicen: "Todo se queda en la cancha", acababa el programa y volvíamos a ser cuates.

A pesar de que disfruté mucho el tiempo en Fox, la verdad fue pesado, cansado, porque eran siempre viajes ya programados de domingo a miércoles. Yo me iba el domingo a mediodía a la Ciudad de México, llegaba, comía, y en la noche tenía que estar listo para el programa, al otro día igual, primero un programa al mediodía y luego otro en la noche, y entre ese tiempo tenía horas muertas, así que prácticamente me la pasaba en el hotel solo. Cuando estaba allá, cuando ya tenía casi dos años en el programa, me hice una rutina, me levantaba a las 7:30 de la mañana, me cambiaba, unas veces me iba al gimnasio, corría en la banda o hacía un poco de pesas, otros días me iba al Bosque de Tlalpan, que quedaba muy cerca del hotel, a la altura de la iglesia que está enfrente de Perisur. Desde el hotel salía trotando con mi gran amigo José Ron, excelente actor, llegábamos al bosque, dábamos como dos o tres vueltas y otra vez me regresaba al hotel, llegaba, me bañaba, desayunaba a veces ahí, terminaba y me iba a Perisur a ver las tiendas para hacer tiempo, regresaba a las 4 al hotel y me quedaba un rato en el lobby viendo pasar gente, otras veces me ponía a leer o a ver algunas cosas de fútbol que traía en mi iPad.

Otra rutina que me acuerdo, y era muy pesada, era cuando terminaba el programa de 4 a 5 y tenía otra vez tiempo muerto de 5 hasta las 10 de la noche. Entonces lo que se me ocurrió fue que una compañera de Fox me ayudara a conseguir alguna maestra de inglés, porque yo siempre había querido aprender el idioma ¡pero nomás no aprendía nada!, me sabía lo básico, lo que platicas en la playa, el saludo: "Hi! How are you?", pero nada más. Empecé a tomar clases con esa maestra en las mañanas después de desayunar, como de 11 a 12:30. Esa maestra me ayudó a aprender inglés y también me ayudó a matar el tiempo. Estuve casi un año estudiando con ella.

Otras veces invitaba a un compañero, por ejemplo, Alex Blanco, a comer. Íbamos a un restaurante argentino por el sur de la Ciudad de México, o nos quedábamos a comer ahí en el hotel.

Algunas ocasiones había un partido importante el sábado y me programaban para ir a verlo para después comentarlo el domingo en los programas. En partidos estelares como Chivas-América, Chivas-Pachuca o Chivas-León me tocaba viajar; eso también es una experiencia que te deja mucho, haces amigos, como Raúl Orvañanos a quien le agradezco muchísimo todo lo que aprendí de él, su amistad es invaluable para mí, o Santiago Puente, entre otros; convives con la gente, te distraes de la soledad de llegar a un cuarto de hotel.

A veces me llevaba a mi esposa o a alguno de mis hijos para acompañarme y no sentirme tan solo porque la soledad es horrible, más para mí que me gusta estar acompañado de algún ser querido o de algún amigo, no es lo mismo desayunar con tu hija, tu hijo o tu esposa que desayunar solo. Me distraía saludando a gente del mismo medio que me encontraba en el hotel, ahí va mucha gente del medio deportivo. Es que la soledad es cabrona, y cinco años llevártela así, fue complicado. También fue pesado porque era ininterrumpido, casi no había vacaciones. Pero, a pesar de eso, eran muy flexibles, si yo, por ejemplo, tenía algún compromiso importante acá en Guadalajara, algo en lo que sí o sí tenía que estar, me daban permiso. Si mis hijos salían de vacaciones, yo pedía con anticipación, miércoles, jueves, viernes y sábado, para regresar el domingo, y esos días me iba con mi familia. Esto era prácticamente una vez al año, otras veces que tenía alguna boda o algo, les pedía permiso el fin de semana y me lo daban, eran muy accesibles.

Era pesado, pero al final del día era trabajo, y un trabajo que me gustaba mucho, la verdad yo estaba encantado por el formato del programa y por todas las circunstancias que lo rodeaban. Sin embargo, todo llega a su fin, llegaron nuevos dueños con ideas nuevas y un presupuesto mucho más bajo, querían reformar toda la estructura, hubo un recorte como de 100 personas, entre ellas el "Ruso", Beto García, un servidor y muchísima gente más, camarógrafos, directores, en fin.

Fue una experiencia padrísima, al igual que cuando estuve en Televisa, fueron dos empresas que me trataron muy bien, en las que disfruté al máximo mi trabajo. Al último me tocó trabajar con Yayo de la Torre, ex compañeros en Chivas y también Seleccionado Nacional en mi época, se volvió una motivación para mí, fue padrísimo.

Haber sido jugador y después estar como analista fue un cambio muy radical, una experiencia muy diferente pero muy padre, me encantaba platicar de fútbol, analizar jugadas, que si fue o no fue penal, fue mano o no fue mano, que si el equipo había jugado bien, si se había parado muy atrás o había sido ofensivo, cosas que, en lo personal, me encanta platicar y se me facilitan mucho.

Cuando salí de Fox Sports, Ernesto López, el director de Fox Sports y quien fue el que me contrató en un inicio, tuvo la amabilidad de hablarme personalmente para darme las gracias. Un detalle que le agradezco mucho y que hace constatar la buena relación que tuvimos. Fue curioso porque yo acababa de re gresar de la Ciudad de México, que es donde grabábamos el programa, estaba en el carro con mi esposa saliendo casi del aeropuerto de Guadalajara cuando me entró la llamada de Ernesto. Yo ya presentía algo porque habían despedido a varios compañeros por aquel reajuste que hubo en lo económico, entonces Ernesto tuvo la amabilidad de explicarme que los nuevos directivos mandarían a los abogados para cerrar mi contrato, pero él quería primero agradecerme por los años de trabajo. Entonces salí de Fox Sports muy contento, me llevo buenas experiencias tanto de las personas con las que trabajé como con el programa en sí.

13. Hay Sheriff para rato

Siempre tuve la ilusión de retirarme en una cancha de futbol, ¡yo retirarme del futbol y no que el futbol me retirara a mí!, pero lo quería hacer de una manera especial y diferente. Tuve tres grandes etapas en mi vida que quería honrar de la mejor manera, mi etapa en Chivas, donde duré muchísimos años; mi etapa con Santos como entrenador, que fue algo grandísimo, y mi etapa en la Selección Mexicana, que está de más decir que fue algo importantísimo para mí.

Mi sueño y mi proyecto era jugar un partido en Guadalajara, de Chivas contra la Selección Mexicana, quería invitar, por ejemplo, a Hugo Sánchez, que fue un compañero extraordinario en mi paso por la Selección. Mi idea era vestir, medio tiempo la camiseta de Chivas, y medio tiempo la camiseta de la Selección, quería despedirme del futbol en los dos equipos que más quise. La verdad yo ya estaba en un momento en el que no quería jugar más, quería retirarme, pero de esa manera.

Hablé con el arquitecto Francisco Ibarra, que era el presidente de la Federación Mexicana de Futbol, para explicarle cuál era mi proyecto, él me dijo que lo checaría, pasaron los días, las semanas, y no se veía para cuándo. Con el club Guadalajara no había problema, tenía todo el apoyo para hacer el partido, sólo me pedían programarlo con antelación. El problema con la Selección era que tenían que avisarles a los jugadores y acomodar bien los tiempos entre partidos. También hubo dificultad con que Hugo viniera, era difícil coordinarse con él porque estaba en España y a veces jugaba dos partidos por semana.

En resumidas cuentas, vi que se complicaba mucho la organización de este partido. Llegó un momento en el que me senté a pensar y a analizarlo. No quería despedirme en un partido normal, ni siquiera tenía ganas de hacerlo en un clásico, digamos en un Chivas-América o en un Guadalajara-Atlas, que pude haberlo hecho, a lo mejor jugar 15 o 20 minutos, que el entrenador de Chivas me hubiera dado chance de entrar y despedirme de las canchas, pero no me nacía hacer lo que todos los jugadores hacían, yo quería algo diferente. Por eso, al ver las dificultades, una tarde me senté a reflexionar y dije: "A ver, Fernando, ¿cómo te diste a conocer en el futbol? ¿Cómo sabía la gente que habías metido un buen gol, que habías hecho un buen partido? Pues gracias a la prensa", entonces, después de pensarle mucho, cambié mi proyecto y decidí hacer una rueda de prensa, que era algo fácil para mí, pues tenía el apoyo del club Guadalajara y también de varios amigos periodistas, así que opté por eso. Hice un desayuno aquí en Guadalajara, en el Hotel Fiesta

Americana que está todavía en la Minerva, donde se concentraba Chivas, invité a un directivo, Francisco González Paul y a varios amigos, quienes me acompañaron en mi carrera, se hizo una rueda de prensa y mandé a hacer una manta con las camisetas de los cuatro equipos con los que había estado: la Selección Nacional, Chivas, Atlas y UdeG. En esa despedida me acompañó también mi mamá, mi esposa, el presidente de Chivas, Jorge Lozano, Tomás López Rocha y otro directivo.

Me senté frente a los medios y les comuniqué lo siguiente: "Señores, en virtud de que no pude hacer mi despedida tal y como lo hubiera querido, quiero despedirme frente a ustedes, agradecerles todo el apoyo que me dieron durante tantos años y agradecerle, siempre, a mi amado futbol, hoy termina una etapa como futbolista, pero sé que hay muchas cosas importantes por llegar. ¡Muchas gracias!" Hubo después una serie de preguntas y respuestas, la típica: "¿Por qué se retira Sheriff?", la respuesta fue tajante y sencilla: "Ya es tiempo, yo me quiero retirar del futbol y no que el futbol me retire a mí, considero que estoy en una edad en la que debería hacerlo, ya no soy tan rápido como antes, prefiero retirarme a tiempo".

Terminando la rueda de prensa en Guadalajara, corrí al aeropuerto porque tenía programada otra en Ciudad de México, incluso, me fui en el avión de mi amigo, Tomás López, quien me acompañó. El chiste es que llegué a Ciudad de México y me fui directo al restaurante de mi compadre, el Real Cazadores Insurgentes, llevé de igual forma la manta con las camisetas y la puse en la rueda de prensa. Allá, por obvias razones, hubo más prensa, nuevamente agradecí a los medios y di por terminada esa etapa de mi vida.

La verdad, no fue lo ideal, me hubiera encantado retirarme en una cancha, jugando, salir de cambio y despedirme de la gente, pero insisto, no quise hacerlo como todos los jugadores. Y me gustaría puntualizar algo, porque mucha gente se quedó con la idea de que mi último partido fue con la UdeG, y no fue así, bueno, mi último partido oficial sí, pero después de eso el arquitecto Enrique Zambrano Villa, que en paz descanse, me dio la oportunidad de jugar un último partido en Chivas, yo había hablado con él y le platiqué mi intención de retirarme, entonces él, muy atento conmigo me dio chance. Llevaba también muy buena relación con Raúl Padilla López, el rector de la UdeG, quien me apoyó siempre, entonces, poco antes de anunciar mi retiro me dio mi carta, me dejó libre para que yo hiciera lo que quisiera. Pude irme a otro equipo, vender mi carta y jugar un rato ahí, pero no se trataba de eso, yo lo que quería era despedirme con Chivas. Entonces hablé con el señor Enrique Zambrano y le pedí permiso para entrenar con Chivas un tiempo, en lo que salía el proyecto de jugar ese último partido Chivas-Selección Nacional, que no se dio. En ese entonces estaba Sergio Luis Lacroix de presidente de Chivas, tampoco hubo problema con él, sólo me pidió que hablara con el "Zurdo" López, el entrenador, para platicarle mi idea, y nuevamente muy amables me abrieron las puertas del club. Pasó el tiempo, creo que un mes, y como no veía luz al partido de la Selección me empecé a desesperar porque, a fin de cuentas, estaba ocupando el lugar de otra persona en el equipo, entonces dije: "Ya estuvo".

Hubo un partido amistoso en Colima, contra el Herediano de Costa Rica, y tan buena onda el "Zurdo" López que me llevó a ese partido como titular, jugué creo que los

90 minutos y así fue mi último partido en el futbol profesional, a los 34 años, en un partido amistoso con Chivas, donde ganamos 2-0 o 2-1, muy significativo para mí porque me retiré, prácticamente, con la camiseta de Chivas, a lo mejor no fue un partidazo con el estadio lleno, sí había gente, pero no sabían que era la última vez que el "Sheriff" pisaba una cancha como jugador.

Fue un momento muy emotivo, lo recuerdo con mucha tristeza, más bien nostalgia, porque yo sabía que ahí se acababa mi carrera futbolística y empezaba otra etapa, que sería como entrenador, ya lo platiqué en otro capítulo, ya tenía mi título, pero aun así el camino era incierto. A los 34 años corrí por última vez la cancha como jugador profesional, una edad en la que también se está despidiendo un grande del futbol mundial, Toni Kroos, quien jugó su último partido con el Real Madrid y la Eurocopa con Alemania pocos días antes de yo estar escribiendo este libro, no sé si vaya a seguir en Estados Unidos, a lo mejor lo convencen, pero oficialmente, nos retiramos a la misma edad.

El retiro fue algo muy duro, pasé meses difíciles porque me quedé sin un trabajo que yo consideraba estable. Afortunadamente ya tenía algunos otros ingresos, eso me ayudó mucho, también que nunca he sido gastalón, dicen por ahí los grandes empresarios que nunca gastes más de lo que ganas, entonces yo siempre ahorraba gran parte de mi sueldo, quería tener algún dinerito si lo necesitaba en caso de emergencia. Ahora, ya con más edad, pienso en mis hijos y mi esposa, en dejarles un patrimonio para cuando yo ya no esté en este mundo, y ahí la llevamos, gracias a Dios.

Cuando te retiras tienes que tomar una de las decisiones más difíciles de tu vida, de repente es una incertidumbre no saber qué camino tomar, estaba preocupado por saber qué seguía en mi vida, tenía que buscar un trabajo, los ahorros se acababan y no me podía quedar con los brazos cruzados. Hay jugadores que se retiran y no saben administrar bien su dinero para el futuro. Y aquí recuerdo una anécdota de mi etapa en Chivas, en esa época (y a la fecha) era muy "puestero", me encantaba ir a comer a un puesto de camarones, de tacos, tortas, yo le entraba a lo que sea con tal de que el lugar estuviera limpio y rico. Lo que más me gustaba eran las tortas ahogadas, típicas de Guadalajara. Un día mi hermana me dijo: "¿Por qué no pones un puesto de tortas ahogadas?" Tipo Jorge Vergara, así empezó con changarritos y luego se hizo un gran empresario. La idea me pareció buenísima, yo no tenía el tiempo de prepararlas, pero mi mamá hacía unas tortas deliciosas, receta familiar, y mi hermana sabía cómo hacerlas, entonces me dijo que ella y mi cuñado podían hacerlas si poníamos el negocio. Afuera del Club Guadalajara, en la cuadra, no permitían ningún puesto de comidas, sólo había uno de jugos y frutas, algo sano para la gente que iba al club. Justo enfrente estaba el Colegio American School, entonces era una buena oportunidad para poner un puesto.

Se me ocurrió ir con mi presidente: "Oiga, presi, no sea gacho, déjeme poner un puesto de tortas ahogadas, quiero empezar una cadena y creo que aquí es un buen inicio", él sonrió y me contestó: "Si consigues el permiso, adelante", pero "plan con maña", porque para el permiso de gobierno primero tenía que conseguir el del club, yo ya me había informado bien. Le insistí tanto que por fin me hizo la carta de autorización. A la par me fui con *Coca Cola* para pedir el patrocinio, les pedí unas carpas con el logo de la marca y un pequeño local de fierro para que me apoyaran, yo no quería meterle tanto dinero porque no sabía cómo me iba a ir. Total, que *Coca Cola* me dio el puesto, unas carpas y dos mesitas, ¡tampoco podía poner ahí un restaurante! Mi mamá y mi hermana, más mi hermana, compraron la carne, el pan e hicieron la salsa. Días antes de la inauguración mandamos a hacer unos anuncios: "Pasa a conocer las ricas tortas ahogadas del "Sheriff" Quirarte. Estamos ubicados enfrente del Club Guadalajara. Fernando Quirarte te invita".

Quise hacer la inauguración un jueves, ¿por qué? Porque los jueves se llenaban las tribunas del Anacleto Macías Tolán, donde se jugaban los partidos interescuadras del Guadalajara. Entonces, a mitad del entrenamiento, le pasé mis anuncios al hijo de Tolán, quien amablemente los empezó a repartir entre la gente de la tribuna. Cuando acabó el partido, pedí otro bonche de papeles y también empecé a repartirlos en la cancha: "Allá los espero".

¡Hubieran visto!, el puesto se llenó de gente, se acabaron todas las tortas, recibimos mucho apoyo. Yo estaba muy contento, sabía que a la gente le había gustado y regresarían, y así fue por un tiempo, nuestros clientes eran los aficionados que iban a ver los partidos, gente que de repente pasaba por ahí, papás que iban por sus hijos al American School, todo muy bien. A los dos años cambiaron de presidente en Chivas y se nos acabó el puesto, ya no quise buscar otro lado, no tenía el tiempo, cosa que me arrepiento porque pude aprovechar ese buen recibimiento de la gente con nuestras "Tortas ahogadas Quirarte´s", mi hermana quiso seguirle, pero yo no tenía todavía esta visión de emprendimiento.

Pasó el tiempo, ya estaba retirado y empecé a buscar de nuevo un negocio. Desde que era jugador me gustaban mucho los restaurantes argentinos, se me hacía una comida muy sencilla y rica: una carne, una ensalada típica con lechuga, jitomate, aceite de oliva, cebolla y párale de contar. Coincidió que mi hija Andrea se fue a un retiro espiritual por parte de la escuela donde iban alumnos de varios Estados y ahí conoció a Guille, una niña de San Luis Potosí de la que se hizo muy amiga. Platicando con Guille, le contó que su papá quería poner un restaurante en Guadalajara y andaba buscando un socio. Mi hija le comentó que yo era un ex jugador retirado y que tenía ganas de poner uno. Nos contactamos a través de nuestras hijas y estuvimos platicando un tiempo. Insisto, cosas de la vida, mi familia tenía programado un viaje a Puerto Vallarta que coincidió con un viaje del que ahora es mi socio, también de vacaciones por allá, ellos tenían casa en Puerto Vallarta.

Yo empezaba a jugar golf allá y pactamos una cita, el papá de Guille y yo, para platicar lo del restaurante. Me explicó su proyecto, yo le comenté mis ganas de invertir en un restaurante y de ahí salió una visita a Guadalajara para ver posibles locales. Poco después vinieron y los llevé a varios restaurantes argentinos para enseñarles un poco de lo que yo quería, mi socio ya sabía del negocio, es un restaurantero muy exitoso en San Luis Potosí. Después él me llevó a una plaza donde tenía pensado poner el restaurante, cosa padrísima porque los dueños de la plaza eran muy buenos amigos míos, entonces ahí concretamos el trato, todo fluyó muy bien, gracias a Dios las cosas se me acomodaron y así me hice socio de Eugenio Torre, Francisco Artolózaga y su hijo Eugenio, a quienes les ha ido muy bien, tienen restaurantes en León, Aguascalientes, San Luis Potosí y ahora en Guadalajara abrimos dos. ¡Otro sueño cumplido!, sueño por el que me siento muy a gusto, contento, y que me ha servido de sustento en estos tiempos en los que pongo en pausa lo de ser entrenador, ¡porque yo no quito el dedo del renglón! Si me llaman para dirigir un equipo ¡encantado! Sé que todavía tengo mucho por dar en el futbol y nunca me cansaré de estar en las canchas.

Siempre he dicho que no tuve una juventud normal como la de los otros jóvenes, en mi adolescencia ya jugaba con el Tapatío, entonces no podía desvelarme, irme a fiestas y llegar a mi casa a las tres de la mañana. Sí iba a fiestas, reuniones en casa de los amigos donde las niñas se sentaban en filita de un lado del salón de baile, y nosotros nos juntábamos en otro lado, puros hombres, si te gustaba alguna, la sacabas a bailar y si ella te aceptaba había química, pero si te rechazaba, a la fregada, ni modo.

Antes de llegar a la fiesta pasábamos a una tiendita a comprar una o dos caguamas para repartirlas entre todos. En esa época ya jugaba con el Tapatío, y no es por soberbio, pero ya empezaba a cuidarme mucho en el aspecto físico pues tenía el sueño de jugar profesionalmente y tenía que actuar como tal. Sabía que, si me echaba mis cervezas y de repente me pasaba de copas, al otro día no iba a rendir bien en el partido. Por eso, a las 12 de la noche agarraba mis cosas y me iba a mi casa, caminando regularmente, porque las fiestas siempre eran en la colonia donde vivía, entonces yo, desde los 17 años, siempre tuve esa responsabilidad conmigo y con el equipo. Antes no había como tal una concentración, te quedabas en tu casa previo al partido y era tu responsabilidad llegar al otro día en buenas condiciones para jugar. El partido era a las 4 de la tarde, teníamos que llegar a las 2 ya comidos y preparados. A veces mis papás me llevaban, si tenían tiempo, o si no, agarraba mi maletita del Tapatío, y me iba en camión, tenía que llegar con tiempo para platicar con el entrenador sobre el partido, las alineaciones, calentar un rato y llegar concentrado a la cancha.

Por eso pienso que me "perdí" muchas cosas en la juventud, muchas fiestas, muchas idas a Chapala o a Tapalpa con amigos o mi familia, tuve que sacrificarme para irme formando un camino en el futbol. Y digo "sacrificarme" en el buen sentido, sin ninguna queja de por medio, porque he escuchado personas que se quejan o martirizan el haber hecho eso en su juventud, cuando no es así, no es como tal un sacrificio, es cuidarse y prepararse para después dedicarte a algo que te va a dar mucho más de lo que perdiste. Sí, es cierto que a veces, ya cuando te dedicas más profesionalmente al futbol, te pierdes de cosas importantes, la boda de tu hermano, unos XV años, la boda de plata de tus papás, cumpleaños, etcétera. En mi caso, me perdí el nacimiento de mis nietos porque en esa época me fui de comentarista al Mundial de Brasil, entonces el día del nacimiento yo no pude acompañar a mi hija, llegué hasta el día después a verla al hospital.

Y aunque tuviera la oportunidad de cambiar algo de mi vida, la verdad, no lo haría, porque estoy muy agradecido por lo que viví, por las experiencias, la gente que conocí y los lugares a los que tuve la oportunidad de ir gracias al futbol. Lo que viví de ninguna manera lo veo como un sacrificio sino como un privilegio. Además, tuve la fortuna de nunca lesionarme de gravedad y de meter 50 goles, pocos más, pocos menos, a lo largo de mi carrera ¡como defensa central!, ¡gracias, bendito futbol!

También hubo momentos duros, lo que más me pegó fue la muerte de mi padre y mis hermanos, todos en diferentes etapas de mi vida. Algo que platicaba con el Padre Juan Pedro, en la iglesia que frecuento, era que a veces sentía que no me podía ir bien en la vida porque eso anunciaba una tragedia como fue el fallecimiento de mi papá, luego de un hermano, una hermana, de nuevo un hermano y al final mi mamá. A veces yo miraba al cielo y decía: "Diosito, ya, por favor ya para, ya no puedo con más dolor", pero busqué la ayuda de gente especializada, psicólogos que me ayudaron a entender que así es la vida, y por lo mismo debemos agradecer lo que tenemos; ahora intento no quejarme, me levanto todos los días agradeciendo a Dios, primero, porque amanezco, porque estoy vivo, porque me dio la oportunidad de vivir un día más. Agradezco porque, con la edad, llegó la comprensión de valorar lo que tengo a mi alrededor, por ejemplo, disfruto al máximo cuando mis tres nietos vienen a visitarme y me pongo a jugar con ellos en unas pequeñas porterías que instalamos en el jardín, esos momentos para mí lo son todo, igual los viajes familiares. También debo añadir que, a pesar de tener una vida muy bendecida, con tres hijos que viven en la Ciudad de México y otra aquí en Guadalajara, los extraño muchísimo y me gustaría verlos con más frecuencia, abrazarlos como cuando eran pequeños.

En el futbol no todo es color de rosa, la gente a veces piensa que todo es alegría, que todo es triunfo, por el autógrafo, las cámaras, los goles, y no, no siempre es así, nosotros somos seres humanos como cualquier otro, pero hay momentos difíciles que te marcan, y de los más duros, como ya lo platiqué y me pusieron a prueba como ser humano fue aquel encuentro desafortunado que tuve con "Chima" Ruiz, la muerte de Pepe Martínez o la situación personal que viví con mi fuerte depresión, pero gracias a Dios, a mis amigos y a mi familia he salido adelante.

Otro momento difícil, algo que puede pasarle a cualquier persona, pero que en su momento me pegó mucho anímicamente, fue un tema de salud que surgió hace 4 o 5 años, me diagnosticaron con intestino irritable, que a lo mejor no era un problema "tan grave", dicen que el 30% de la población lo tiene, pero sí me causó mucho dolor, mucha tristeza. Fueron momentos muy complicados, era muy incómodo, no podía comer casi nada porque todo me caía mal. Eso me causó mucho estrés, mucha ansiedad, fue quizás un año en el que la pasé muy mal todo el tiempo, y eso no sólo me afectaba a mí, sino a mi familia, me traía problemas en el trabajo, entonces era algo complicado.

Fui con un especialista y afortunadamente salí adelante. Es una enfermedad muy difícil, no discrimina edad ni condición física porque hasta a los mejores deportistas les ha pasado. Y esto lo platico para que sirva como testimonio de que, cuando estés pasando por algo muy duro, no lo dejes avanzar, acude con un especialista, "no hay mal que dure 100 años", sal adelante. Esta enfermedad me dejó una gran enseñanza porque fue un año y medio muy doloroso, incluso me deprimí, como dije, me pegó anímicamente muy fuerte, ya no podía salir a comer con mi familia, mucho menos hacer el viaje anual con mis hijos y mi esposa, y eso fue durísimo. Pero con lo ayuda de los doctores, amigos y familia, salí adelante y aquí seguimos, ¡hay Sheriff para rato!

Soy una persona alegre, bromista, dicharachero, me gusta platicar con la gente aunque no la conozca, precisamente hoy en la mañana cuando estaba haciendo unas cosas de trabajo, algunos trámites, me encontré en la calle a una persona que se me acercó: "Señor Quirarte, ¡qué bueno que lo veo! Me cayó del cielo". "¡En la torre!, ¡me va a pedir prestado!" (es broma), pero no, me dijo: "Fíjese que le quiero pedir un consejo, es sobre mi hijo que está empezando en el futbol y es buenísimo, el otro día metió tres goles...", y aquí, perdónenme queridos lectores, pero no saben cuántos padres de familia se me han acercado para esto y siempre les doy el mismo consejo, no crean que soy grosero, simplemente digo lo que pienso, porque para nosotros nuestros hijos son los mejores, son Maradona, y ha venido mucha gente a pedirme que recomiende a sus hijos con las Chivas, pero yo no puedo hacer eso, en primera porque no he visto jugar al chavo, en segunda porque si yo los recomiendo ¡les va peor! Así que, la mejor recomendación la pueden dar ellos mismos a través de su trabajo, de su juego, porque aunque haya metido 3, 5 goles, no fueron goles tan buenos como para sorprender al entrenador o al promotor que lo vio. Entonces esta persona me dijo: "Pero ya ha probado en la UdeG y nada...". "¿Ya intentaron en Atlas? Vayan al departamento de fuerzas básicas y digan que quieren probar a su hijo. Y si ni así, pues entonces piensen bien y replantéense las cosas. Intenten una tercera vez en Chivas, vayan al departamento de fuerzas básicas e intenten, a lo mejor tu hijo no es tan bueno como crees, o tal vez sí, pero intenten, agoten todas las alternativas". Bueno, esta persona se fue fascinada, afortunadamente, porque le dije la verdad, no la engañé, no le prometí que iba a recomendar a un chavo que ni siquiera he visto jugar.

Creo que nunca he recomendado a nadie, pero sí tuve la fortuna de debutar, por ejemplo, a "Chuy" Corona en Atlas, con quien llevo buena relación, cuando nos vemos nos saludamos y todo padrísimo, ahorita no tenemos mucha comunicación porque se fue a Xolos, en Tijuana, pero cuando estuvo en Cruz Azul me lo encontraba concentrado en el Hotel Royal Pedregal donde me hospedaba cuando estaba como analista deportivo. A ese hotel yo le decía el Hotel del Futbol, porque te encontrabas a medio mundo, desde jugadores, promotores, patrocinadores, se concentraba el equipo del Cruz Azul, a veces Pumas, también Tigres, y como yo llegaba los domingos, me tocaba saludar a los equipos. Es más, una vez llegó Chivas y saludé a varios jugadores, tengo todavía una entrevista guardada que le hice al capitán Jair Pereira, que era titular en ese entonces, por ahí de 2020, lo agarré y le dije: "Te puedo hacer una entrevista aquí en mi teléfono, para sacarla más al rato en el programa". "Claro profe, con mucho gusto". Eso me sirvió mucho porque al día siguiente jugaban contra el América, entonces platicamos del clásico y tuve la exclusiva.

En otra ocasión, bien chistoso, iba caminando en Perisur, cuando me encontré a Diego Lainez, que se iba a ir a España, ¡y aproveché!: "Diego, ¿cómo estás? ¡qué gusto saludarte!, oye, te voy a pedir un favor, sé que no puedes dar entrevistas por órdenes de tu director de prensa...", porque a veces así es, hay pautas y no siempre pueden hablar con los medios, en este caso así me lo dijo Lainez: "Sí le doy unas palabras, profe, pero le pido que no me pregunte nada de España, porque todavía no concretamos y ahí sí me mete en un problema". "No, para nada, sólo quiero que mandes un saludo de Navidad para la afición", estábamos a 5 o 7 de diciembre. Y dicho y hecho, fue un video chiquito de Lainez deseándole Feliz Navidad a la gente, un detalle muy padre.

Actualmente sigo haciendo mucho deporte, ya no futbol o básquetbol porque me da miedo que me lesione, ya tengo mis años. Un tiempo le agarré gusto al golf hasta que llegó a mi vida el tenis, que se ha vuelto una pasión para mí, quizá por mi amistad con el tenista Jorge Lozano, amistad que conservo desde los años 80.

Esta amistad surgió una vez que estábamos concentrados con la Selección, previo al Mundial, estaba la Copa Davis en el Club Alemán, y un domingo Jorge Lozano, a quien ya conocía, nos invitó a la Copa Davis, me acuerdo que fue Tomás Boy, Carlos Muñoz y un servidor. Jorge Lozano jugaba con Raúl Ramírez, quien se casó en 1979 con Maritza Sayalero, una Miss Universo venezolana. O tal vez mi memoria me falla, no sé si en esa ocasión jugó con Raúl Ramírez o con Leo Lavalle, con alguno de los dos. Lo que sí recuerdo es que tuvieron un muy buen ranking en dobles y México ganó su permanencia en primera división, no saben la fiesta que hubo, todos los jugadores se echaron a la alberca, muchos aficionados y también los boleros, fue una fiesta padrísima, nosotros nomás veíamos de lejos, porque también en ese tiempo mi compadre Eduardo Cruz me invitaba mucho al tenis y uno de esos partidos fue para ver a Jorge Lozano, el otro día lo platicaba con él.

En la actualidad, llevo muy buena amistad con los dos, más con Jorge Lozano que con Leo Lavalle, porque he jugado varias veces con Jorge de compañero, por supuesto, ¡nunca pierdo! Jorge juega muy bien todavía, como dicen "lo que bien se aprende, nunca se olvida".

Cuando empecé a jugar golf tuve la fortuna de conocer en un evento a Lorena Ochoa, en su tiempo la número 1 del mundo. Hicimos una bonita amistad y cuando nos vemos es padrísimo, es una excelente persona, un orgullo para México. De hecho, quien fue el entrenador de Lorena es muy amigo mío, se llama Rafael Alarcón, un excelente golfista, de los mejores que ha tenido México, así como Lee Treviño.

El desafío al empezar mi carrera fue conmigo mismo, el saber cómo lo iba a hacer, porque no es fácil llegar a ser futbolista profesional, y gracias a Dios, tuve el apoyo de mi familia, de mis hermanos, de mi tío Enrique, pero más que nada, mi motivación fueron las fotos que veía de mi papá, que fue en su momento futbolista amateur, al igual que todos mis hermanos. Y voy a ser honesto, yo no me consideraba un jugador con muchas cualidades, no sentía tener gran habilidad con el balón, y ése fue un desafío, creer en mí. Muchos amigos me lo dicen: "No sé cómo llegaste adonde llegaste, había jugadores de mayor calidad que tú, pero tú lograste lo que ellos a lo mejor no", y es verdad, por eso me siento muy afortunado con la vida, con Dios, con las personas que me rodean y que me hicieron creer en mí.

También pienso que yo tuve algo que me impulsó mucho, que fueron las ganas, el deseo, la entrega, la dedicación, la motivación, el hecho de decir: "Si no tengo cualidades innatas en el futbol, las tengo que suplir con otras cosas", y eso me da mucho gusto, porque mucha gente me lo recuerda, cuando me ven en la calle y me piden una foto, me dicen: "Me encantaba cómo te entregabas y dabas todo en la cancha, cómo ibas por todas, te barrías…". A lo mejor no fui un excelente jugador, con la mejor técnica como otros, que hacen unas jugadas increíbles, las bajan de pechito, anotan siempre goles de revista, en fin, pero creo que pude suplir esas deficiencias con pasión y entrega, que quizás tuve, o no, buen toque, no lo sé, pero siempre jugué con corazón, ganas y deseos.

También influyó mucho mi disciplina, esto lo aprendí en el camino, desde fuerzas básicas, luego en tercera, segunda y primera división; aprenderle a cada entrenador lo que más me gustaba de ellos. Hay algo que tienes que aprender sí o sí, que es la puntualidad y yo, con el futbol, me hice una persona muy puntual. Con esto desarrollé hábitos y rutinas que sigo todavía en mi vida, por ejemplo, los domingos me gusta mucho ir a misa, entonces les decía a mis hijos: "Nos vamos a misa de las 12, los veo 11:45 en la camioneta", y puntual me tenían ahí, a veces les pitaba el claxon si se tardaban, o de plano los dejaba y me iba, porque el hábito de la puntualidad es de los mejores. Así he sido desde hace años, porque como jugador y después como entrenador no podía llegar tarde, ¡se imaginan!, y también en mis otros trabajos, como directivo de una institución tenía que ser un ejemplo para los demás. Una persona impuntual, nunca queda bien.

Otra cosa importante es el manejo de la presión, tanto como jugador y como entrenador. Es algo complejo porque cometí muchos errores, me equivoqué, como ya lo he comentado, con algunas decisiones que tomé, no manejé las cosas de la mejor manera, me faltó mucho la inteligencia emocional, pero de eso aprendí mucho, y estoy seguro que nunca voy a repetir esos errores.

Con el tiempo aprendí a concentrarme en mis objetivos, como jugador meditaba mucho mientras estaba en mi cuarto sobre lo que iba a hacer, el jugador al que iba a cubrir, siempre me preparaba lo mejor posible, por ejemplo, si en 15 días jugaba contra Agustín Manzo, investigaba su manera de juego, si se adelantaba a las pelotas o al jugador, si me picaba más por el lado derecho o si hacía muchas fintas, si saltaba bien, si cabeceaba bien. Todas esas características trataba de grabarlas en mi cabeza para cuando estuviera frente a él, saber cuáles eran sus cualidades y tratar de sacar provecho.

Y en los partidos importantes como entrenador, híjole, debía tener muchísima atención en la disciplina y en la planificación de los entrenamientos, me ayudaba mucho el excelente cuerpo técnico que tenía, no me cansaré de decirlo, encabezado por Eduardo de la Torre, Guillermo Hernández, Eduardo Ramos, después también con Sergio Lugo, Efraín Flores, Víctor Rangel, con el "Picus", con el "Gato" Chávez, que en paz descanse. Fueron mi equipo de trabajo en diferentes facetas que planificábamos muy bien. También me ayudo mucho mi preparador físico, el profesor Guillermo Hernández, que era excelente en lo que hacía, hoy es el actual director de fuerzas básicas del equipo Santos de Torreón, él planificaba muy bien su pretemporada teniendo en cuenta todos los factores, si íbamos a la playa, o si íbamos a la montaña, tenía un entrenamiento específico para cada entorno. No es lo mismo jugar en Ciudad de México a jugar en Torreón, Guadalajara o Monterrey, hay muchos factores como la altura, que influyen en cómo se desarrolla un partido.

En los tiempos libres, que eran pocos, platicábamos de nuestros objetivos con los jugadores y les poníamos algunos videos motivacionales para mantenerlos activos y motivados, eso lo hacíamos durante todo el año. Eran videos muy bonitos con canciones e imágenes de ellos mismos en entrenamiento o durante un buen partido, y se van a reír, pero a veces ¡hasta les poníamos música de Rocky! Y esto porque cuando empecé a jugar de manera profesional, me encantaban las películas de Rocky, me motivaban mucho, entonces fui a ver todas sus películas al cine, compré todos sus casetes, sus CDs, y cuando iba en el camión rumbo a algún partido casi siempre, por no decir siempre, mientras estuvo en su apogeo, llevaba mi walkman con un casete del soundtrack de Rocky para escucharlo durante el camino del hotel al estadio. Me imaginaba las escenas de acción y me motivaba para entrar con ánimos a la cancha. Y por lo que he escuchado de algunos otros compañeros, ellos también lo llegaron a hacer, no por mí, sino que les servía de motivación. A mis jugadores les poníamos este tipo de retos en la pretemporada, hacíamos entrenamientos fuertes de subir colinas o, si estábamos en la playa, ejercicios en la arena; también divirtiéndonos, había una persona especializada en grabar los videos, editarlos rápido y ponerlos cuando estábamos concentrados, algo que también recuerdo con mucha nostalgia y alegría.

Otro reto para mí fue mantener un equilibro en mi vida personal y profesional, la verdad hubo un momento en el que me *volé*, y eso porque me lo dijo mi esposa, uno a veces no se da cuenta. Un día le pregunté: "Oye, gorda, ¿algún día perdí el piso?", y ándale, que me contesta: "¡Claro!, un día lo perdiste y te noté muy alzadito" "¿En serio? Yo no lo noté". "Pues a lo mejor tú no, pero muchos de nosotros nos dimos cuenta". A veces la fama es mala consejera, te puede servir para cosas muy buenas o te puede servir para cosas muy malas, afortunadamente yo la supe manejar, me aterricé y supe mantener un equilibrio, quizás cuando mi esposa me dijo eso, yo pasaba por un momento de soberbia, o cuando les platiqué la anécdota de mi padre que no me dejó ir hasta que firmara el último autógrafo y yo me molesté muchísimo, pero gracias a mi familia, a mi esposa, mis padres, mis hermanos y mis amigos, pude mantenerme aterrizando con los pies en la tierra.

Si bien es cierto, como me dijo mi esposa, me perdí por un tiempo, me imagino que fue la etapa posterior al Mundial, porque la verdad me fue fabuloso, y mejor aún porque llegó el campeonato con Chivas, entonces bendito futbol y más bendito Dios que me puso ahí y que luego me guio para centrarme en lo importante.

Éste es un tema que todo jugador profesional debe de cuidar, si le puedo dar un consejo a los jóvenes que están empezando, sería precisamente eso, que el éxito no les haga daño, que lo sepan manejar y que no se suban a un ladrillo y se mareen, porque al final, la fama es prestada, hoy eres y al día siguiente ya no. Quizás puedas durar mucho si tuviste una buena carrera, una carrera limpia, ésa será la mejor recompensa, y eso es algo que también me preguntan: "¿Qué es lo que más te hubiera gustado?", pues dejar huella en el futbol, dejar huella en el equipo Chivas, quizá ser ídolo de Chivas. Tengo varias revistas de hace más de 30 años en las que se me reconoce mi trayectoria, creo que mi mayor recompensa ha sido el reconocimiento de la gente. No nada más para mí, yo pienso, y me atrevo a decirlo por otros, es la mayor recompensa para cualquier jugador, creo que el hecho de que reconozcan tu esfuerzo después de tantos años de retirado, es una maravilla. A lo mejor un niño de 10 años no sabe ni quién eres, pero su papá sí, entonces es muy bonito cuando te encuentras en la calle a alguien y dice: "Mira, él jugó en Chivas, era muy buen jugador, vamos a tomarnos una foto con él", o "Fernando, muchas felicidades, me acuerdo de tu gol en el partido del Mundial", eso para mí lo es todo. ¡Bendito futbol!

Soy una persona muy activa y trato de mantenerme así. En un día normal me levanto a las 6 de la mañana, me voy al club, juego tenis con los amigos de mi hermano; a veces me quedo un rato más trotando o me voy al golf, platico con mis amigos y me regreso a desayunar a mi casa, me quedo un rato aquí con mi esposa, después me voy a hacer algunas cosas de banco o trámites de gobierno, no sé, pagar la luz, el gas, ese tipo de cosas. A mediodía regreso a comer con la familia y me voy a checar mi restaurante, que es ahorita mi trabajo. En la tarde la paso con mi familia, antes íbamos al cine, ahorita ya casi no, vemos una película en casa, a veces con mi hija Lore voy al estadio a ver a mis Chivas. En ocasiones por la noche vamos a cenar con amigos como Arturo Navarro, Aurelio López, Roberto González, Rafael Alarcón, Fernando Álvarez, Rubén Aceves y sus parejas.

Una vez a la semana me voy a grabar un podcast, disfruto mucho platicar en el estudio y luego regreso a la casa. Los jueves tratamos de pasarlos en familia, viene mi otra hija con mis nietos y mi yerno Andrés y comemos juntos. Algunos fines de semana, cuando podemos, nos vamos en familia a la playa en Vallarta.

Así paso los días ahora, muy tranquilo la verdad, estoy en una etapa donde disfruto mucho a mi familia y me doy tiempo para mí, para trabajar en mis proyectos y seguir preparándome; todo lo que disfruto ahora no hubiera sido posible sin el ¡bendito futbol!

No quiero terminar este libro sin reiterar la enorme gratitud que siento por haber vivido estas aventuras con tantísima buena suerte. Es muy difícil resumir en unas cuantas líneas el agradecimiento que siento hacia tantas personas que han sido parte esencial de mi vida, porque este libro no es sólo mi historia, es también el reflejo de todos los que me han acompañado en el camino.

En primer lugar, doy gracias a Dios por darme la oportunidad de disfrutar esta vida intensamente, por los desafíos y los momentos que jamás imaginé, sin su guía divina nada habría sido posible. Vuelvo a darle las gracias a mi familia, que ha sido siempre mi pilar. A mi esposa, por su paciencia, su amor incondicional y su fuerza silenciosa en los momentos más duros. A mis hijos, por ser mi mayor orgullo y mi mejor motivación. Todo lo que soy, se los debo a ustedes. Gracias a mis padres, que me enseñaron el valor del trabajo, la humildad y el respeto. Nunca dejaron de creer en mí, incluso cuando yo dudaba.

Agradezco profundamente a todos los entrenadores, compañeros y rivales que marcaron mi camino en el futbol. Cada entrenamiento, cada partido, cada vestidor, me dejó una enseñanza que llevo conmigo hasta hoy. Gracias a Las Chivas, mi casa, mi escuela, mi gran amor futbolístico; a la Selección Mexicana, por darme el privilegio de representar a mi país en una Copa del Mundo. Ese gol ante Bélgica, ese abrazo con el público, viven en mí como uno de los momentos más especiales de mi vida.

También gracias especiales a todos los aficionados que me apoyaron con tanto cariño y respeto: ustedes me hicieron sentir grande, pero también me recordaron que la verdadera grandeza está en mantenerse humilde.

Este libro es para ustedes, queridos lectores y para todos los que alguna vez creyeron en mí. Gracias de corazón.

Esta obra se terminó de imprimir
en el mes de septiembre de 2025,
en los talleres de Diversidad Gráfica S.A. de C.V.
Ciudad de México